Vintage
FOOTBALL
CLUB

ISBN : 979-10-301-0211-6
Dépôt légal : octobre 2017
Imprimé en Slovénie

Tana éditions,
un département d'Édi8
12, avenue d'Italie
75013 Paris
Tél. : 01 44 16 09 00
Fax : 01 44 16 09 01
www.tana.fr

BERNARD MORLINO

Vintage FOOTBALL CLUB

PRÉFACE
ÉRIC CANTONA

Tana
éditions

PRÉFACE
ÉRIC CANTONA

Football, origines, beauté du jeu, amour du jeu...

Amour de ceux qui le pratiquent, amour de ceux qui assistent au jeu, qui supportent leur équipe, leur joueur préféré...

Amour de la rue, du football de rue, du simple fait de jouer...

Amour du rêve, de l'impossible, de l'envol...

Amour du dribble, de la feinte, de la passe, de l'arrêt miracle.

Le football, c'est la lumière de l'impossible, la géométrie de l'esprit, du déplacement, de l'anticipation...

Le football, c'est une œuvre abstraite construite sur la stratégie.

La personnalité, le charisme, la présence des dieux, de l'invisible et l'impalpable.

Le football c'est l'opium des fantômes.

C'est le rituel du constamment différent.

L'inépuisable alchimie, l'infinie combinaison.

Le déplacement, l'interactivité.

Nous sommes tous des Maradona, Johan Cruyff ou Georges Best.

Nous sommes tous l'âme du football.

Et pleurons tous quand le Maracaña perd son âme, quand Highbury, délaissé, devient l'Emirates Stadium et qu'Arsenal perd son âme, quand le vieux stade de Galatasaray, lui aussi délaissé, devient le Türk Telekom Stadyumu et que Galatasaray perd son âme.

La réussite économique ne remplacera jamais cette âme que le temps, empli de passions, de joies, de pleurs, d'esthétisme et d'indéfinissable, a aidé à éclore.

L'âme, c'est une fleur, une rose aux milles couleurs qui illuminent encore le football mais que l'ombre du terrorisme économique est en train de ternir.

Alors oui, je préfère voir ces photos noir et blanc, je préfère continuer de rêver en noir et blanc et regarder le soleil se lever en espérant qu'il continue d'illuminer les esthètes et ceux qui font le football.

Ces millions de fans qui ont dans leurs veines le sang de leur club qui circule avec passion et amour du simple jeu, du grand football.

CE N'ÉTAIT PAS MIEUX AVANT

★

« Le football c'est l'accord du pied avec la terre. »
Albert Camus

À Oreste et Louis
qui m'emmenaient au stade

Avant c'était avant, rien de plus. Avant, nous étions plus jeunes, c'est tout. Ceux qui fêtent sans cesse les victoires d'hier fabriquent en fait les défaites de demain. La commémoration sans discontinuité de la période faste 1998-2000 paralyse les Bleus. En Italie, personne ne fête le titre de champion du monde 1982. Cela a permis aux Italiens de gagner celui de 2006. Par contre, à Saint-Étienne, le club est toujours bloqué en 1976. Marseille parait figée en 1993. S'intéresser à l'histoire ne doit pas empêcher d'aller de l'avant. Cependant, on ne peut pas demander aux footballeurs contemporains d'être irréprochables quand leurs dirigeants n'ont aucun respect vis-à-vis des anciens. Contrairement aux apparences, la France n'inculque pas la culture du souvenir pour honorer les devanciers auxquels on doit tout.

Quand Fred Aston, Marcel Artelesa et Jean Swiatek sont morts, l'équipe de France n'a pas joué avec un brassard noir. En Angleterre, Italie, Espagne et Allemagne, le salut aux anciens est naturel et indispensable. Un arbre sans racines ne peut pas exister. La tendance à donner au nouveau stade le nom d'un sponsor favorise la perte des repères. À Bordeaux, on a quitté Jacques Chaban-Delmas pour le Matmut Atlantique. À Marseille, le vélodrome a pris pour nom Orange et non pas Gunnar Andersson, le plus grand buteur de l'OM. À Nice, les Aiglons ne jouent plus au Ray-Léo Lagrange mais à l'Allianz Riviera. Niveau lieu d'accueil, c'est un progrès évident et nécessaire. N'empêche hier, les enfants demandaient : « Qui est Léo Lagrange ? »[1] Quand on choisit des noms de sponsors au détriment de grands hommes, on aggrave le déficit de références.

Il ne faut pas confondre nostalgie et mémoire. Qui peut contester que l'actualité ne devienne parfois de l'histoire ? On se remémore hier, non pas par nostalgie, mais simplement parce que cela a existé. Les peuples qui n'ont pas de mémoire courent à la catastrophe. Ce qui fut une fois ne revient plus et dans bien des cas c'est mieux ainsi. N'empêche, c'est hier qui a fait aujourd'hui. Si les pionniers du

[1] Léo Lagrange (1900-1940) fut sous-secrétaire d'État aux sports et à l'organisation dans le gouvernement du Front Populaire (1936-1938) avec le socialiste Léon Blum pour président du Conseil. Député, il s'engage volontairement pour combattre les nazis et il meurt d'un éclat d'obus.

football n'avaient pas été excellents, ce sport serait resté confidentiel. Le football n'a rien à voir avec les autres disciplines sportives. Il suffit de poser deux chemises sur le sol pour symboliser la cage du gardien, et de confectionner une boule de papier pour improviser un match de football. Pas besoin d'être onze contre onze. Le ballon rond a un langage universel. Nul besoin de se parler pour jouer. La grammaire du jeu est mondiale. Aucun autre sport ne déplace les foules pour un simple 0-0. Le football incarne la vie parce qu'il demande une succession d'échecs avant d'obtenir une conclusion positive. De surcroît, il impose une remise en question permanente sans laquelle la défaite intervient très vite. Qui se repose sur ses lauriers n'avance plus.

Avant les maillots étaient lourds quand il pleuvait et pleins de sueur au moindre effort. Les ballons pesaient des kilos sous la pluie. Ils ne rebondissaient plus sur les terrains qui n'étaient que bosses, trous et boue. Les chaussures n'avaient que des inconvénients. Le jeu était beaucoup plus lent. Les joueurs moins techniques et peu entraînés. Les stades, très inconfortables. Et ne parlons pas du salaire des joueurs et des primes qu'ils touchaient jadis : pour France-Yougoslavie (1-0) du 9 octobre 1965, en qualifications de la Coupe du monde 1966, chaque international français a empoché l'équivalent de 100 euros. Pas un centime de plus. Cette somme comprenait les indemnités journalières, la prime de présence et celle de résultat. Vu les sommes qui se pratiquent en 2017-2018, ces chiffres appartiennent à la préhistoire.

À y regarder de près, le football d'aujourd'hui est beaucoup mieux que celui d'hier. « Nous étions un monde en noir et blanc. Nous correspondons aux Poilus » me dit souvent l'international Antoine Bonifaci, champion de France avec l'OGC Nice 1952 et vainqueur de la Serie A en 1954 sous le maillot de l'Inter Milan, qui pour faire la publicité d'une boisson gazeuse américaine a touché douze bouteilles et rien de plus. Tout a changé en beaucoup mieux. Si tout le décorum s'est bonifié, le noyau dur est invariable : la roublardise, la feinte, le courage sont plus importants que la simple force physique. Un grand mental est plus performant qu'un grand physique. En football, la compétence doit primer sur la passion. Un idiot peut être passionné. La passion, c'est l'affaire du supporter. C'est le football qu'il faut aimer et non pas que son équipe fétiche. Renier le talent de l'adversaire est signe d'impuissance.

Le football, c'est aussi la transmission. Transmission d'une passe entre partenaires, transmission d'une passion entre générations. La plupart des aficionados du football ont contracté le virus grâce à leur père qui les a emmenés au stade. Dans mon cas, ce fut au stade du Ray, à Nice. Je n'avais pas dix ans. D'emblée, je fus frappé de voir des adultes jouer. Je pensais que les jeux étaient réservés aux enfants. L'ambiance, le côté festif, la joie – Nice avait gagné – tout l'environnement me séduisit. Le match était en nocturne, ce qui rajoutait à la féerie. Avec mon père nous avions un terrain d'entente : le football. Comme il avait le silence pour langue maternelle, nous communiquions par le biais du football. Quand il demandait si « Nice avait gagné » cela revenait à dire qu'il m'aimait. À l'époque de mon père, on ne disait pas « je t'aime » à ses enfants, on le leur prouvait simplement. Depuis la mort de mon père, je maintiens le lien invisible entre lui et moi par l'intermédiaire du football.

D'aucuns pensent que c'est ridicule de se passionner pour le football, que c'est une perte de temps. Les mêmes ne peuvent pas me répondre si je leur demande de me parler de l'usage du verbe aimer dans l'œuvre de Fernando Pessoa ou l'étude de l'ombre dans les tableaux de Vermeer. En France, il y a un mépris pour tout ce qui touche le sportif – et donc du folklore populaire – comme si ce domaine était moins sérieux que la littérature et la peinture. Dans les grands pays de football, les footballeurs ne sont pas frappés d'ostracisme. Cela a tendance à changer en France mais pour les mauvaises raisons : de fait, les réfractaires au football feignent de le considérer depuis qu'il génère des millions d'euros. Aucun compétiteur ne joue pour l'argent. Il y a le terrain et le reste. L'essentiel étant le rectangle vert où tout se passe. Les détracteurs du football n'en voient que les mauvais côtés mais quand ils l'accusent de tous les maux, ils ne disent pas un mot sur la barbarie engendrée par la religion. Ils osent en plus définir le football comme le nouvel « opium du peuple ». À la vérité, le football n'est pas la guerre par d'autres moyens, mais ni plus ni moins que le simulacre de la guerre. À la fin des hostilités, les deux adversaires du jour se serrent la main, comme les boxeurs après la fin du combat. Au lieu de ne voir dans le football qu'une émanation du capitalisme, déguisé en divertissement absurde avec pour acteurs une assemblée multinationale de tricheurs, il n'est pas interdit d'y voir une poétique chanson de gestes. Jean Giraudoux se délectait des « effets stellaires » du ballon. L'art, c'est mieux que la culture. L'improvisation est plus bénéfique que le rabâchage. Le football bien pratiqué est une expression artistique qui reste hermétique aux bardés de diplômes, bons qu'à ingurgiter la culture programmée.

Il faudrait aussi interroger un footballeur quand un politicien se fait pincer dans une affaire de corruption et non pas tendre le micro au plus obscur secrétaire d'État dès qu'un joueur a fait un écart. Il est dérisoire d'entendre une marionnette du PAF dénigrer le football alors qu'il plastronne sur un plateau télé pour nous vendre sa salade avariée. Le football si décrié à dynamiser l'unité nationale après les attentats du 13 novembre 2015. La Marseillaise reprise dans les stades du pays et à l'étranger a rassemblé les Français et les Européens de bonne volonté à un moment dramatique. La France a fait bloc grâce au football. Dans ce moment de grande communion, pas une seule personne n'a raillé sur les supporters qui se gargarisent avec l'hymne national. Il n'y a que les imbéciles qui confondent nationalisme et patriotisme.

Le pied n'est qu'un instrument, l'artiste c'est le cerveau. Un film c'est une matière morte. Le football, de l'art vivant. Le scénario d'un match n'est pas écrit d'avance. Le plus extraordinaire c'est qu'un match fait forcément des déçus, ceux du camp des perdants. Au concert, tous les gens vibrent pour la même chose. Le football a sa propre mystique, la poésie de la spontanéité, la fraîcheur de la création à l'état brut. Rien que des héros à l'air. Enfant, on s'identifie plus aux champions sportifs qu'au comte de Monte-Cristo que l'on n'a pas encore lu. Les premiers exemples qui nous parviennent sont des icônes sportives. On veut imiter Platini, Zidane ou Cristiano Ronaldo et non pas Proust, Rodin ou Rembrandt. Tous les enfants sont des poètes mais peu le restent. Picasso, lui, a continué à jouer à la pâte à modeler. Les footballeurs, à leur façon, n'ont pas rompu non plus avec l'enfance. On joue au football, dit-on, alors qu'il s'agit d'un travail. Cependant avant d'être un spectacle, le football est un sport qui nécessite de gagner. En France, on ne s'est jamais où mettre le curseur. Quand l'équipe de France brille, les sociologues au ras des pâquerettes disent que la France vit en totale harmonie avec toutes ses composantes, et quand elle perd, on entend : « Ce n'est que du football... » Le sport n'est jamais apprécié à sa juste valeur. Les politiques s'en servent quand ça les arrange et s'en détournent dans des phases moins porteuses de voix électorales. Les sponsors, eux, décrètent star ceux qui peuvent leur rapporter gros. Plus besoin d'être Cristiano Ronaldo pour vendre des produits. Le sport en général et le football en particulier a de plus en plus de Kournikova, plus appréciée pour son physique que pour ses trophées. Les régents de la communication ont fait star un perdant blond et blanc « bien de chez nous » au détriment d'un gagnant barbu à la peau mate qui renvoie à ses origines algériennes. En période d'attentats d'islamistes séparatistes, on rassure l'homme de la rue.

Les vrais amateurs de football aiment autant Messi que Mbappé. C'est le football que l'on aime et non pas les seuls représentants de son pays. En football, le Real Madrid équivaut à Martin Scorsese. J'ai été tour à tour Cruyff et Maradona autant que Platini, Cantona et Zidane. Il est tout à fait détestable d'entendre les commentateurs sportifs dirent : « Hélas ! Il n'y a plus de Français à Roland-Garros... » ou « Tout le pays attend que le PSG soit en quart de finale de la C1... » Pourquoi disent-ils cela alors qu'ils n'hurlent pas à l'antenne : « Pourvu que la droite aille dans le mur aux présidentielles ... » ? Au football, il n'y a pas de droite ou de gauche, rien que des droitiers et gauchers. Les commentateurs sportifs qui supportent les yeux fermés les représentants de leur pays nuisent au sport réduit au nationalisme primaire.

S'il y a un domaine qui se renouvelle sans cesse, c'est bien le football. Régulièrement, il produit de nouveaux grands joueurs. Il y a eu Pelé, Puskás, Di Stefano, puis Cruyff, Platini, Maradona. Il y a eu Ronaldo le Brésilien, Ronaldihno puis Messi, Ronaldo le Portugais. On n'a pas le même renouvellement heureux dans beaucoup d'autres domaines. Le football a trois secteurs importants : les joueurs, l'entraîneur et les fans. Ce constat fut établi par Bill Shankly, coach mythique de Liverpool. Si l'un des trois n'est pas présent dans la trilogie, il n'y a pas de grands clubs possibles. La panoplie du joueur a aussi trois paramètres indissociables : la technique, le mental et le physique. Sans l'un des trois, nous sommes en présence d'un bon mais pas d'un grand joueur. L'intelligence de jeu est capitale. Un joueur occupe un poste en fonction de ses capacités. En football, personne n'est déprécié : pour qu'un grand joueur puisse s'exprimer, il faut que l'un de ses partenaires aille récupérer le ballon dans les pieds adverses.

Vers mes 12 ans, j'étais souvent assis derrière un duo d'amis. L'un deux commentait le match à un aveugle. Les mots du commentateur étaient d'une haute précision. L'entente entre ces deux spectateurs équivalait à un duo de joueurs qui s'entendent à merveille. J'ai appris avec l'aveugle à mieux voir. Le non-voyant sentait admirablement le jeu. Je l'ai vu se lever applaudir un but, deux secondes avant qu'il ne soit inscrit. Au stade, j'ai appris à voir l'invisible, l'indicible, ce qui ne s'est pas encore produit et ce qu'il faut absolument éviter. À la fin du match, je retournais chez moi, au son de la radio qui donnait les résultats. Mes premiers matchs à l'extérieur, je les ai vécus sans les voir. La radio a développé mon imaginaire. Je n'ai jamais vu jouer René Vignal et Ferenc Puskás, pourtant je me souviens plus d'eux que de certains joueurs qui ne m'ont pas marqué. On pense à Rimbaud comme à James Dean. La poésie, c'est d'avoir avant tout de l'émotion.

Le football, c'est de l'actualité heureuse. Malgré la surpuissance de l'économie, malgré l'omniprésence de la sphère Internet, le football parvient à conserver sa spontanéité qui est la clef de sa réussite. Depuis le développement de la force de frappe du virtuel, on note une percée mondiale du e-sport qui a de plus en plus d'adeptes. Le football de terrain est peut-être en sursis. Après-demain, le football ne se fera peut-être plus que dans un fauteuil avec les manettes d'une console. Le e-football a déjà ses vedettes. Hors du terrain, les joueurs du football classique ressemblent déjà à des robots : ils ne jouent plus aux cartes mais sont tous rivés à leur tablette, écouteurs sur les oreilles, isolés des autres. Cela peut nuire à l'esprit d'équipe, à la complicité entre les joueurs. Nous sommes tous connectés dans l'illusion de la communication mondiale collective nommé Big Data. Ce n'est qu'un fichier économique. Un vivier pour les financiers qui nous gouvernent, nous transformant en victime pavlovienne. Le football à l'air libre a fait de gros progrès depuis Florence au temps des Médicis qui avait déjà son Calcio. La Renaissance ne fut pas que picturale.

Le football que l'on aime se pratique en short avec des chaussures à crampons, avec de vrais gens qui ont un cœur qui bat. Pour aller de l'avant, il faut savoir aussi regarder en arrière. Toutes les voitures sont dotés de rétroviseurs – il y en a trois – sans lesquels il est impossible de conduire sans risquer à coup sûr sa mort et celle des autres. Jadis quand je voulais en savoir davantage, je demandais à mes parents, j'allais voir ma grand-mère maternelle. À présent, la planète clique sur Wikipédia. Il ne sert à rien d'avoir une mémoire de poisson rouge. Le passé éclaire et donne de la force pour le présent et l'avenir. Le football est une école du regard.

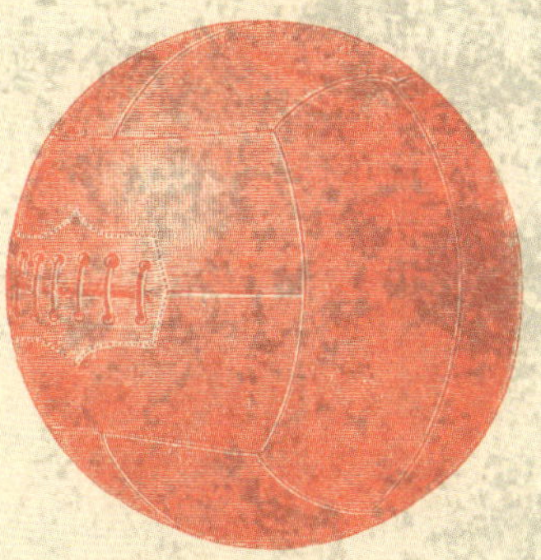

Le SOMMAIRE

LES APHORISMES *repris de volée*

Joueurs et entraîneurs parfois rejoignent les écrivains grâce à des trouvailles verbales qui marquent les esprits parce qu'elles synthétisent une vérité qui est souvent indicible. Certains dictons sont inoubliables en raison d'une évidente justesse. En voici un florilège de haute volée.

LE FOOTBALL EST UNE DÉMOCRATIE ENFERMÉE DANS UNE DICTATURE.

JOHAN CRUYFF

SI TU NE FAIS QUE VAINCRE TU AS TON NOM DANS LES STATISTIQUES, MAIS SI TU CONVAINCS TU ENTRES DANS LE LIVRE DE L'IMAGINAIRE.

ARRIGO SACCHI, EX-ENTRAÎNEUR DU MILAN AC

JE NE SUIS PAS UN BON SUPPORTER, JE SUIS CAPABLE D'ADMIRER L'ADVERSAIRE.

JORGE VALDANO

JE NE VIS PAS LA VIE, C'EST LA VIE QUI ME VIT.

GARRINCHA

LES GRANDS LEADERS PARLENT PEU.

MARCELO BIELSA

LE FOOTBALL, CE N'EST PAS UNE QUESTION DE VIE OU DE MORT. C'EST BIEN PLUS IMPORTANT QUE CELA.

BILL SHANKLY (1913-1981), EX-ENTRAÎNEUR DE LIVERPOOL.

LA CHANCE EST LA MANIFESTATION DE LA VOLONTÉ.

MICHEL HIDALGO, EX-SÉLECTIONNEUR DE L'ÉQUIPE DE FRANCE

LA SEULE STAR C'EST LE MAILLOT.

CARLOS ALBERTO PARREIRA, ANCIEN SÉLECTIONNEUR DE L'ÉQUIPE DU BRÉSIL

L'HABILETÉ DOIT PRIMER SUR LA VITESSE.

TOSTÃO

SI MON CHAPEAU SAVAIT POUR QUI JE VOTE, JE BRÛLERAIS MON CHAPEAU.

ROGER LEMERRE, ANCIEN SÉLECTIONNEUR DE L'ÉQUIPE DE FRANCE

LES BUTS, C'EST COMME LE KETCHUP : QUAND ILS ARRIVENT, ILS VIENNENT TOUS EN MÊME TEMPS.

CRISTIANO RONALDO.

SI J'AVAIS ÉTÉ MOCHE, VOUS N'AURIEZ JAMAIS ENTENDU PARLER DE PELÉ.

GEORGE BEST

J'AI MARQUÉ UN BUT MAIS GORDON BANKS L'A ARRÊTÉ.

PELÉ

QUAND ÉRIC CANTONA JOUAIT POUR MANCHESTER UNITED, J'ATTENDAIS QU'IL MANIFESTE SON TALENT. DEPUIS QU'IL N'Y JOUE PLUS, J'ATTENDS LA MANIFESTATION DE LA CHANCE.

SIR ALEX FERGUSON, EX-ENTRAÎNEUR DE MANCHESTER UNITED

JE JOUE POUR ME BATTRE CONTRE L'IDÉE DE PERDRE.

ÉRIC CANTONA

LES EUROPÉENS SEMBLENT AVOIR TROUVÉ UN MOYEN DE SE DÉTESTER SANS SE COUPER EN MORCEAUX. CE MIRACLE EST APPELÉ FOOTBALL.

PAUL AUSTER, ÉCRIVAIN, AMATEUR DE BASEBALL

QUEL EST LE PLUS GRAND FOOTBALLEUR DE TOUS LES TEMPS ? SI L'ON DEMANDE À LA MAMAN DE PELÉ, C'EST LUI, MAIS SI ON DEMANDE À MA MAMAN, C'EST MOI.

DIEGO MARADONA

ALFREDO DI STEFANO EST UNE TACTIQUE À LUI TOUT SEUL.

GABRIEL HANOT, JOUEUR, SÉLECTIONNEUR, JOURNALISTE À L'ORIGINE DE LA COUPE D'EUROPE DES CLUBS CHAMPIONS

FACE AU BRÉSIL, J'AI PEUR DE M'ARRÊTER POUR LES REGARDER JOUER.

ALAIN GIRESSE

DE PÈRE EN FILS
les enfants de la balle

D'aucuns pensent qu'on ne devient pas footballeur comme on reprend le commerce paternel, pourtant la transmission est autant présente que chez les acteurs. Le talent est parfois contagieux puisque plusieurs familles collectionnent les titres et non des moindres, hors Euro et Coupe du monde. Parfois père et fils ont même joué ensemble.

Johan et Jordi Cruyff
(Tous les deux ont joué à l'Ajax Amsterdam et Barcelone)

Cesare Maldini

Paolo Maldini

(Tous les deux ont gagné la C1)

Guy Modeste

Anthony Modeste

Bernard Genghini

Benjamin Genghini

Lilian Thuram

Khéphren Thuram

Marcus Thuram

Youri (fils), Oan (petit-fils) et Jean (grand-père) Djorkaeff (Jean et Youri ont gagné la Coupe de France)

Abedi Pelé, André Ayew et Jordan Ayew
(Tous les trois ont joué à Marseille)

Japhet N'Doram

Kévin N'Doram

(Tous les deux ont joué à Monaco)

Peter Schmeichel

Kasper Schmeichel

(Deux gardiens de but)

Zinedine, Enzo, Luca et Théo Zidane
(Tous sont au Real Madrid)

D'autres liens pater filius

Frank senior et Frank junior **Lampard** (Tous les deux ont joué à West Ham, Angleterre)

Carlos et Gaston **Curbelo**

Pierre, Willy et Pierre-Emerick **Aubameyang**

Alain et Thibault **Giresse** (Tous deux les ont gagné la Coupe de France)

William et Eugène **N'Jo Léa**

Gunnar et Thomas **Nordahl**

Zizinho, Giovani, Jonathan et Eder **Dos Santos**

Ahmed et Chérif **Oudjani** (Tous les deux ont joué à Lens)

Valère et Bruno **Germain**

Daniel et Christophe **Horlaville** (Tous les deux ont joué à Rouen)

Klaus et Matthias **Sammer**

Danny et Daley **Blind** (Tous les deux ont joué à l'Ajax Amsterdam)

Patrick et Justin **Kluivert** (Tous les deux ont joué à l'Ajax Amsterdam)

Ricky et Rio **Mavuba**

Diego et Giovanni **Simeone**

Miguel Angel, Mikel et Xabi **Alonso**

Tomás Balcázar (grand-père), Javier Hernández **Gutiérrez** (fils) et Javier Hernández **Balcázar** (petit-fils surnommé **Chicharito**) (Trois internationaux mexicains)

Pablo et Diego **Forlan** (Tous les deux ont joué à Peñarol)

Mazinho, Rafinha et Thiago **Alcantara**

Arnór et Eidur **Gudjohnsen** (Tous les deux internationaux islandais)

Manolo et Manuel junior **Sanchis** (Tous les deux ont gagné la C1)

Carles et Sergio **Busquets** (Tous les deux ont gagné la C1)

Julien et Yannick **Stopyra** (Tous les deux ont joué à Sochaux)

Roger et Patrice **Rio** (Tous les deux ont joué à Rouen)

Christian et Yoann **Gourcuff**

Bebeto et **Mattheus**

Serge et Éric **Roy** (Tous les deux ont joué à Nice et Marseille)

Valentino et Alessandro **Mazzola** (Deux internationaux italiens)

Jean-François, Lucas et Theo **Hernandez**

Finn (grand-père), Michael et Brian (Fils), Mads et Andreas **Laudrup** (petit-fils) (Tous sont internationaux danois)

Henrik et Jordan **Larsson** (Tous les deux ont joué à Högaborgs BK et Helsingborgs IF, Suède)

Rivaldo et **Rivaldinho**

DES NOMS QUI VEULENT DIRE *quelque chose*

Il y a nom et nom. Certains sont difficiles à retenir (Andriy Chevtchenko), d'autres sont surprenants (Marek Jankulovski) – surtout si l'on parle français – et il y en a qui sont amusants par le redoublement de voyelles ou tout simplement parce qu'ils veulent dire quelque chose. Sur un patronyme, on peut rêver, voyager, s'inventer des histoires.

GABRIEL JESUS
Peut faire des miracles. Beaucoup croient en lui.

ÉRIC CARRIÈRE
A fait son trou à la télévision où il a percé.

ERNEST GRAVIER
Il évitait d'en avoir un dans la chaussure.

MARCEL LONCLE
On ne le surnommait pas « tonton ».

JEAN-JACQUES MARCEL
Trois prénoms pour le prix d'un seul.

JUST FONTAINE
Un buteur, cela coule de source.

GEORGES LECH
Il ne tirait jamais la langue.

JEAN PETIT
Il y a aussi Emmanuel mais ils n'ont rien à voir, sauf qu'ils ont joué à Monaco. Pas ensemble.

DIDIER SIX
On peut compter sur lui.

LAURENT BLANC
Avec Marcel Desailly, il ne faisait pas du cinéma en noir et blanc.

GRAIG SHAKESPEARE
S'il perd, cela en devenait dramatique.

DANTE
(Brésil)
Le Divin défenseur ne joue pas de comédie.

MARIUS TRÉSOR
Avec lui pas besoin d'en chercher un. Il était tout trouvé !

DIDIER COUÉCOU
L'attaquant rendait coup pour coup.

FLEURY DI NALLO
C'est mieux que de dîner sans rien boire.

FRANCK LEBŒUF
À ne pas mettre avant la charrue.

ROBERT KAFKA
D'une mi-temps à l'autre, il y avait parfois métamorphose. Personne ne lui en faisait un procès.

PAUL SAUVAGE
Dans le grand sens du terme, il bataillait ferme.

ANDRÉ LEROND
Si c'est rond ce n'est pas carré là-dedans.

YVON GOUJON
Il taquinait, taquinait.

JEAN-CLAUDE BRAS
Il ne l'avait pas en écharpe, et pouvait l'avoir long.

GIANFRANCO ZOLA
Dans les mauvais moments, il pouvait accuser le président.

FRANCK QUEUDRUE
On n'a jamais vérifié…

HECTOR MAISON
Un vrai nomade sous son allure de casanier.

DANIEL JEANDUPEUX
N'était pas de ces gens-là.

DANIEL BRAVO
Il voulait qu'on lui fasse une ovation.

BRUNO METSU
Souvent, il mettait le ballon au fond des filets.

PHILIP COCU
Avant chaque coup d'envoi, il téléphonait à sa femme. On n'est jamais trop prudent.

YVON LE ROUX
Au niveau des cheveux et de la peau, cela ne se voyait pas.

IGOR TUDOR
Dur à réveiller au moment de la sieste.

JÉRÉMY PIED
Ne savait pas sur lequel danser.

KEVIN MALCUIT
En fait, saignant à souhait.

JEAN-LUC SASSUS
Heureusement qu'il ne jouait pas avec les frères Lech.

MARCUS COCO
Ce n'est pas un joueur à la noix.

STÉPHANE MOULIN
L'entraîneur est de partout, même au four.

ALAIN VANDEPUTTE
Personne n'a vérifié s'il allait dans les rues chaudes.

EMMANUEL RIVIÈRE
A fait son lit dans le football.

MAXIME LE BORGNE
N'est pas aveugle sur le terrain.

RENÉ GARDIEN
Malgré les apparences, il était attaquant.

ROGER COURTOIS
Très poli et bien élevé comme son nom l'indique.

WILLIAM VAINQUEUR
Quand il perd, c'est le bouquet.

MARCO SIMONE
En voiture ! (Sauf qu'en italien ça ne marche pas.)

ULRICH LE PEN
Il faisait front.

RĂZVAN RAT
Sait éviter tous les pièges.

SÉBASTIEN CRAMPON
Lors de son dernier match, cet arbitre les raccrochera.

LARBI BEN BAREK

Le jazzman du football

★

Six ans avant Kopa, Larbi Ben Barek a joué en Espagne, mais à l'Atlético Madrid, pas au Real. Buteur, bon de la tête, collectif, il savait aussi distribuer des passes en or. C'est grâce à des joueurs, comme cette première « Perle noire », que le public a commencé à apprécier la beauté du football.

Pelé lui-même a déclaré que Larbi Ben Barek (1917-1992) méritait d'être reconnu « Perle noire » avant lui et Leônidas da Silva. Du très bel athlète ne subsiste que de rares images animées ou fixes. Le natif de Casablanca a fait forte impression en son temps car on n'avait jamais vu alors une masse athlétique si impressionnante jouer avec autant de délicatesse. Technicien hors pair, il faisait vivre le ballon dès qu'il le recevait, ne s'en débarrassant jamais comme si c'était une patate chaude. Quand on a montré à Pelé des bouts de pellicule sur l'attaquant des années 1930-1950, le grand n° 10 brésilien est allé jusqu'à s'extasier : « Si je suis le roi du football, alors Ben Barek en est le Dieu. » Outre ses qualités de passeur, de buteur, le footballeur était un homme de première grandeur. Orphelin très tôt, il devient apprenti menuisier, le métier de son père, dès 14 ans. Il avait le geste à la fois sûr et doux. Dans les rues de son enfance, il jouait pieds nus. Quand il commence en club, il dit : « Donnez-moi des vieilles savates : je ne peux pas jouer avec ses crampons...» Dès qu'il apprivoisa son nouvel environnement, il sembla être passé du lance-pierre au canon.

En France, en Europe, le public n'avait pas l'habitude de voir sur le terrain des « joueurs de couleur ». Ben Barek a été le deuxième joueur d'origine africaine à intégrer l'équipe de France. Les cris hostiles sont venus d'Italie et non pas de France. Alors qu'elle venait de conserver son titre de championne du monde en 1938 à Colombes, l'Italie a accueilli la France en match amical à Naples (1-0) l'hiver suivant. Pour sa première sélection, Ben Barek fut sifflé par les Napolitains qui n'acceptaient pas qu'un « noir représente la France ». Les nerfs solides, l'attaquant ne riposta pas aux insultes. En revanche, Étienne Mattler manifesta sa réprobation auprès du public, de l'arbitre et du staff de la Nazionale. Le capitaine Mattler, futur résistant, dit tout le mal qu'il pensait des fascistes qui léchaient les bottes de Mussolini. La guerre porta préjudice à la carrière internationale de Ben Barek qui joua à peine 17 fois en équipe de France, à intervalles très longs : 1938-1954.

À Marseille, au Stade Français et à l'Atlético Madrid, Ben Barek s'est partout imposé grâce à sa classe naturelle, son toucher de balle et sa grande sociabilité. Parfait équipier, il était d'une gentillesse rarement vue. Des adversaires monstrueux lui disaient : « Si tu m'approches, je sors le bout de cochon que j'ai dans le short... » Malgré les humiliations, il ne bronchait pas. Ben Barek était un professionnel dans un monde d'amateurs. Sa personnalité avait trente ans d'avance. Il dribblait avec beaucoup d'aisance des adversaires qui semblaient être des enfants à côté de lui. C'était un créateur dans un monde de besogneux sans inspiration. Le comparer avec les jazzmen était évident. Il jouait avec le ballon comme John Coltrane avec son saxophone. Vif et fluide, tel était Larbi Ben Barek.

LES VOYAGES EN BALLON
au cinéma

Le cinéma s'est emparé du football depuis longtemps. Une occasion de recenser une guirlande de nanars, de films désuets, mais aussi des rubans de rêves qui rassemblent tous les aspects du football, y compris ses dérives. Quelques moments cultes avec Fernandel, Darry Cowl, Michel Serrault et Eddy Mitchell. Et même le légendaire Bastia de Claude Papi par le génial Tati.

COUP DE TÊTE (1979)
Jean-Jacques Annaud
Le scénariste, Francis Veber, nous met en présence d'un écorché vif incarné à merveille par Patrick Dewaere, au sein d'une radiographie de la « France d'en bas » sur fond de notables locaux.

LOOKING FOR ERIC (2009)
Ken Loach
Un fan de Manchester United aime tellement King Cantona qu'il le voit descendre des posters de sa chambre pour l'aider à vivre.

LE BALLON D'OR (1994)
Cheik Doukouré
L'ascension fulgurante d'un petit garçon restitue l'impressionnant itinéraire du Malien Salif Keita, l'avant-centre historique de Saint-Étienne.

À MORT L'ARBITRE (1984)
Jean-Pierre Mocky
Le chef-d'œuvre du cinéaste niçois décrypte la démence des supporters, guidés par un barbare (Michel Serrault), qui veulent lyncher un arbitre (Eddy Mitchell). Film visionnaire.

TROIS ZÉROS (2002)
Fabien Onteniente
Tous les aspects du football business sont passés au peigne fin avec une lucidité qui fait prendre conscience des imposteurs qui salissent l'intégrité.

À NOUS LA VICTOIRE (1981)
John Huston
Pendant la Seconde Guerre mondiale, des prisonniers jouent contre des soldats nazis. Pelé et Bobby Moore sont au casting de cet OVNI du 7e art. Vaguement inspiré du tragique match de 1942 : FC Start 5-3 FC Luftwaffe – soit communistes contre nazis – à l'issue duquel plusieurs joueurs de l'équipe d'Ukraine seront tués dont Nykolai Korotkykh.

GOAL ! NAISSANCE D'UN PRODIGE (2005)
Danny Cannon
Le parcours, en triptyque, d'un jeune latino-américain

QUELQUES CINÉASTES ET ACTEURS FINS CONNAISSEURS DE BALLON ROND

Gérard Philipe, Jean Vigo, Albert Préjean, Jean Gabin, Pier Paolo Pasolini, Harry Baur, Claude Brasseur, Francis Huster, Jean-Paul Belmondo, Walter Salles, Emir Kusturica, Denis Podalydès, Patrick Chesnais, André Dussollier, François Berléand, Michel Galabru, Bruno Solo, Bruno Putzulu, Jean-Yves Lafesse…

que le hasard d'une rencontre projette dans son rêve inaccessible : jouer en Premier League, au milieu des stars qu'il voit sur Sky Sports.

LES COLLÈGUES (1999)

Philippe Dajoux
Une famille de Marseille avec pour leader Albert Cantona, le père du King, s'engage à fond pour sauver le club de leur quartier, lieu de l'amitié par excellence.

LE TRIPORTEUR (1957)

Jacques Pinoteau
Le héros du roman de René Fallet, interprété par l'inénarrable Darry Cowl, part voir un match de Coupe de France au stade du Ray, à Nice, et finit gardien de but, zinzin au maximum.

LES ROIS DU SPORT (1937)

Pierre Colombier
Un trio inoubliable – Raimu, Fernandel et Jules Berry – avec des dialogues d'Henri Jeanson, s'en donne à cœur joie à l'occasion d'un match Canebière-Montmartre.

FORZA BASTIA (1978)

Jacques Tati et Sophie Tatischeff
Le cinéaste, doté d'un sens de l'observation hors normes, a filmé la passion des fans de Bastia lors du match aller de la finale de la Coupe UEFA 1978.

JE SUIS SUPPORTER DU STANDARD (2013)

Riton Liebman
Le cinéaste joue lui-même de façon poignante un fan du Standard de Liège qui est dévoré par sa passion d'enfance dont on ne revient jamais.

JOUE-LA COMME BECKHAM (2002)

Gurinder Chadha
Une adolescente, d'origine punjabi et de confession sikh, veut jouer au football. Un moyen de s'émanciper mal vu par sa communauté.

ILS AURAIENT DÛ *avoir le* BALLON D'OR

L'attribution du plus grand trophée remis à titre individuel est souvent l'occasion de déclencher des polémiques. N'empêche, pourquoi de merveilleux joueurs comme l'Italien Andrea Pirlo et l'Espagnol Raúl ont été tenus à l'écart des honneurs quand de moins bons joueurs qu'eux ont été fêtés.

1960
FERENC PUSKÁS
REAL MADRID

Le gaucher est à la 2e place du podium alors qu'il remporta la finale de la Coupe d'Europe des champions où il marqua 4 buts lors du 7-3 contre l'Entracht Franfort. Le trophée revint à Luis Suárez, champion d'Espagne et vainqueur de la Coupe d'Europe des villes de foire, un lot de consolation par rapport à la récolte de Puskás.

1989
FRANCO BARESI
MILAN AC

Sur les trois Ballons d'or reçu par son partenaire Marco van Basten (1988, 1989 et 1994), Franco Baresi en aurait mérité au moins un, sans doute celui de 1989 où il finit 2e. Le défenseur est resté 20 ans au Milan AC. Une fidélité mal récompensée.

1996
ÉRIC CANTONA
MANCHESTER UNITED

Comme il fut vainqueur de l'Euro 1996, le défenseur allemand Matthias Sammer reçut le Ballon d'or que le King de MU méritait tout autant pour le féliciter d'avoir redoré le blason du football anglais depuis 1992. Au lieu d'être célébré, il fut suspendu parce qu'il corrigea un voyou des tribunes qui lui cherchait des noises.

1999
RYAN GIGGS
MANCHESTER UNITED

Le Brésilien Rivaldo, champion d'Espagne avec Barcelone, souleva le Ballon d'or avec pour deuxième le médiatique David Beckham, vainqueur de la C1 1999. Le Gallois Giggs, lui, n'eut droit qu'à la 21e place alors qu'il était déjà détenteur de cinq des treize championnats anglais conquis de haute lutte.

2003
PAOLO MALDINI
MILAN AC

Le défenseur milanais est classé n° 3 sur le podium alors qu'il a été élu homme du match de la finale de la C1 remportée par le Milan AC, aux tirs au but, contre la Juventus de Turin du Tchèque Pavel Nedvěd. Bien qu'il fût suspendu pour le match capital, le Tchèque de l'équipe battue reçut le Ballon d'or 2003.

2004
THIERRY HENRY
ARSENAL

Le trophée fut décerné à Andreï Chevtchenko, champion d'Italie avec le Milan AC. Dans le même temps, « Titi » Henry remportait le championnat anglais. Classé 2e en 2003 et 4e en 2004, le buteur français n'a jamais eu droit au Ballon d'or alors qu'il remporta la Coupe du monde 1998 et l'Euro 2000.

2006
GIANLUIGUI BUFFON
JUVENTUS DE TURIN

Vainqueur de la Coupe du monde 2006 où il fut héroïque à de nombreuses reprises, le gardien italien est le dauphin de son partenaire Fabio Cannavaro, parce que depuis Yachine (1963), il y a un accord tacite et stupide pour ne pas élire un gardien de but.

2010
ANDRÉS INIESTA
BARCELONE

Auteur de l'unique but en finale de la Coupe du monde 2010, Espagne 1-0 Pays-Bas, de surcroît dans les prolongations, le sensationnel meneur de jeu de Barcelone et de la Roja est installé sur la 2e place du podium derrière Messi son partenaire de club, au plus grand mépris de la méritocratie.

2011
XAVI
BARCELONE

Le relayeur sans équivalent est classé 3e sur le podium pour la troisième fois de suite. En 2011, il remporte pourtant le Championnat et la C1, comme Messi qui soulève son 3e Ballon d'or. Une mauvaise habitude qui fait que si Cristiano Ronaldo ne mérite pas d'être le lauréat, il faut alors récompenser l'Argentin.

2014
MANUEL NEUER
BAYERN MUNICH

Le trophée aurait dû être offert au gardien de but champion du monde 2014 avec l'Allemagne qui a battu l'Argentine en finale, après prolongations (1-0). Comme Messi ne pouvait pas avoir le trophée – il avait déjà reçu l'immérité titre de meilleur joueur du Mondial brésilien – on le remet à Cristiano Ronaldo, vainqueur de la C1 2014.

ILS MÉRITAIENT
un plus beau palmarès

Quand on voit l'hypermédiatisation de Messi et Cristiano Ronaldo, on est heureux que des joueurs de la trempe d'Andrés Iniesta et Xavi, deux perles rares de Barcelone, soient devenus champions du monde. Beaucoup d'autres joueurs de grand talent n'ont pas été gâtés par le sort tandis que d'autres moins doués ont un plus beau palmarès parce qu'ils sont arrivés dans un club au bon moment.

JOHAN NEESKENS

Travailleur sans répit, deux fois finaliste de la Coupe du monde (1974 et 1978), avec un effrayant volume de jeu, le milieu de terrain de l'Ajax Amsterdam a conquis 3 Coupes d'Europe des clubs champions consécutives avant de rejoindre à Barcelone Cruyff et leur mentor Rinus Michels. Il a marqué son temps par son caractère généreux et sa solidité sans faille. Au panthéon du don de soi, il est au premier rang.

JEAN-MARC GUILLOU

Dix ans plus âgé que Michel Platini, Guillou avait le bagage technique des plus grands joueurs de l'histoire. Il dribblait sans avoir jamais éprouver des difficultés pour avancer dans l'adversité. Il semblait en apesanteur par rapport à ceux qui ne font qu'appliquer des consignes de matraquage. Son palmarès famélique signale le titre de D2 1969 avec le SCO Angers. Ce vide de références ne nuit en rien à son rôle d'éducateur qui lui a fait construire des centres de formation loin de l'Europe, telle l'académie d'Abidjan. Ambassadeur de l'intelligence du jeu, Guillou. Puissance, rapidité d'exécution, coordination de gestes, autant d'éléments dans son crédo esthétique. « Guillou » est synonyme d'intelligence. Pas un maquignon qui considère l'Afrique comme un hypermarché.

SERGE CHIESA

Le milieu offensif était aussi mordant dans la vie. Du haut de ses 12 sélections, il renonce à l'équipe de France parce que les stages le coupent de sa famille. Il préfère les vrais moments avec les siens que les faux avec les autres, cela souligne la faiblesse de l'équipe de France du début des années 1970. Pièce maîtresse de Lyon, le meneur de jeu qui a joué plus de 500 matchs avec l'OL a quitté les Bleus au moment charnière de la transition Kovacs-Hidalgo. L'international désenchanté n'avait plus envie de repartir dans une nouvelle époque avec pour leader Platini qui avait cinq ans de moins que lui. À 24 ans, il tirait sa révérence internationale. D'autres auraient vendu son âme pour être à sa place.

SÓCRATES

Cet authentique artiste du football avait la présence des grands acteurs. Quand il était quelque part on ne voyait que lui. Poète, philosophe, démocrate, pacifiste, médecin, sa personnalité avait une multitude de facettes. S'il a gagné quelques titres dans le football brésilien, son palmarès raconte mal le rayonnement du joueur. Malchanceux lors des Coupes du monde 1982 et 1986, Sócrates a plus légué un esprit qu'un palmarès. Le souffle de la liberté.

ZICO

Le milieu de terrain carioca est aux yeux de l'histoire l'alter ego inséparable de Sócrates. On ne peut pas évoquer l'un sans parler de l'autre. Ils correspondent à John Lennon et Paul McCartney, à Philippe Soupault et André Breton. Leur football se nourrissait l'un de l'autre sans se marcher dessus. Ils étaient trop poètes pour user de machiavélisme. Ils n'avaient pas le sens de l'ennemi pour assez détruire le jeu adverse. Dans un monde hostile, ils baissaient les armes. Pour qu'ils se réalisent pleinement, il eut fallu que les Coupes du monde se jouent sur la plage de Copacabana. Zico dit le « Pelé blanc » est un Dustin Hoffman du football. On le connaît sans lui avoir jamais parlé.

JEAN TIGANA

Le « ratisseur » en chef de ballons au milieu de terrain a gagné l'Euro 1984, cinq championnats avec Bordeaux (3) et Marseille (2), plus deux Coupes de France avec les Girondins. C'est bien, beaucoup s'en conteraient, mais le brio de Tigana était si essentiel qu'il n'a pas été récompensé au niveau de sa classe. Il fut néanmoins 2e au Ballon d'or 1984, derrière Platini, cela revient à être premier tant Platini était hors normes. Entraîneur reconnu, il renonce au terrain quand les nouvelles exigences ne sont plus à son goût.

JEAN-FRANÇOIS LARIOS

Avec son merveilleux potentiel, physique plus technique, ce footballeur né à Sidi Bel Abbès était un géant aux gestes précis et précieux. Trois titres de champion de France glanés à Saint-Étienne (1975, 1976 et 1981) racontent bien mal son passage dans le football français. Sa classe méritait un palmarès beaucoup plus nourri. Il fait partie de ces joueurs qui ont plus marqué par leur esprit que par leurs titres gagnés. Différentes péripéties ont fait office de bâtons dans la roue de sa vie.

RAYMOND KÉRUZORÉ

Le milieu de terrain très technique aurait sans doute beaucoup gagné à quitter sa Bretagne natale. Il avait le troisième œil, le fameux œil dans le dos qui contribue à procurer une vision périphérique. Sa vista et sa façon de courir, avec ses cheveux en baguettes de tambour, lui donnaient une allure tranchante. Il n'a pas trouvé le club pour faire éclore son talent dans un univers propices à l'exposition de tous ses dons. Il est resté fidèle à Rennes comme un arbre qui aurait peur de dépérir si on le déterrait pour le replanter ailleurs. Marseille lui avait fait les yeux doux.

PHILIPPE GONDET

Double champion de France 1965 et 1966 avec le FC Nantes, l'attaquant est un brillant footballeur issu de l'école nantaise du temps de José Arribas (1921-1989) qui prônait une unité d'ensemble capable de jouer vite, toujours dans le sens du jeu constructif. Lors de la saison 1965-1966, Gondet marque 36 buts dans le championnat de 38 journées. De très graves blessures ont écourté sa carrière qui était celle d'un buteur promis à un avenir grandiose. L'histoire ne l'oublie pas.

YESO AMALFI

Déclenchant le premier titre de champion de France de l'OGC Nice (1951), avec seulement une poignée de matchs à son actif, le Brésilien a vécu une vie exceptionnelle à son époque. Il a quitté son pays pour évoluer en Europe : Torino, Racing Club de Paris et Marseille. Il aimait faire la fête et refusait de s'entraîner, démontrant qu'il était trop fort pour gâcher ses intuitions artistiques dans des répétitions fastidieuses. En match, le technicien du milieu de terrain répondait toujours présent. Un artiste dans un monde de besogneux.

ÉRIC CANTONA

Le relanceur de la mythologie

★

Avant lui, aucun Français n'était parvenu à s'imposer dans le championnat anglais. L'impact d'Éric Cantona fut immédiat, pas de période d'acclimatation pour s'imposer dans le football britannique aux âpres duels et à l'intensité sans répit. Vainqueur de cinq championnats sur six, il relança MU vers les sommets.

Bien sûr, Manchester United avait remporté la Super Coupe de l'UEFA 1991 mais ce trophée ne faisait pas vibrer les fans même si les joueurs d'Alex Ferguson l'avaient gagné 2-1 devant le Barcelone de Johan Cruyff. Le peuple rouge d'Old Trafford attendait un titre de champion d'Angleterre depuis 1967, n'en pouvant plus de la domination de Liverpool qui les collectionnait depuis les années 1970. Comme Éric Cantona venait de gagner le championnat 1992 avec Leeds, qui ne l'avait plus remporté depuis 1974, l'entraîneur des Red Devils recrute le Français dans l'espoir qu'il fasse la même chose à Manchester United. L'entente entre les deux compétiteurs fut immédiate dès lors que le champion d'Angleterre en titre répondit : « Et moi je me demande si Manchester United me mérite ? » à l'Écossais qui venait de lui dire lors de la visite à Old Trafford : « Pensez-vous mériter de jouer dans ce stade ? » L'humour sera l'un de leur terrain d'entente.

L'athlète semble taillé pour le football anglo-saxon : grand, solide, résistant mais avec en plus la touche latine, cette inspiration au bon moment pour marquer ou faire marquer. Les plus anciens spectateurs d'Old Trafford, nostalgiques de George Best, savent que le nouvel arrivé était le chaînon manquant parce qu'il est constant et répond présent à chaque match. Il n'a pas un bon rendement qu'une fois par mois. Il est de tous les matchs à l'extérieur chez les bas de classement, le genre de rencontres où les mal classés doivent absolument gagner, des matchs d'hommes. Cantona était leader technique lors de Manchester United-Liverpool mais aussi de Southampton-Manchester United. Où qu'il soit, dès que le match est bloqué, il trouve la solution par une inspiration qui fait la différence.

Après le sacre 1993 et le doublé Coupe-Championnat 1994, il est l'homme à abattre. En dehors des supporters de MU, les Anglais ne supportaient plus ce « Général Two Goals » qui leur donnait des leçons de football, à eux qui se considèrent comme les inventeurs du jeu. À domicile, les défenseurs adverses, encouragés par leurs fans, se faisaient de plus en plus agressifs. Attentif à la moindre hostilité, le joueur à abattre règle son compte à un excité des tribunes qui se faisait menaçant. Les instances du football ne manquèrent pas l'occasion de suspendre le stratège de MU… huit mois ! Devenu imbattable, il fallait éjecter le Français des compétitions. En 1995, cela fut bénéfique à Blackburn qui n'avait plus gagné le championnat depuis 1914. Sans son joueur décisif, MU a perdu le championnat pour un point. Quand il revient de sa suspension, Cantona refait gagner un doublé à Manchester United (1996) avant de quitter le club sur la conquête du sacre 1997. De mauvaises langues signalent qu'il n'a pas gagné la C1 avec MU sans préciser qu'avant l'arrêt Bosman les quotas limitaient à trois le nombre de joueurs étrangers ressortissants de l'Union européenne dans une équipe de club. À moins d'être aveugle, King Cantona a replacé MU sur le toit de l'Europe.

Les as de la C1
JOUEUR puis ENTRAÎNEUR

Sept, pas un de plus. Depuis 1960, ils ne sont que sept à avoir brandi la Coupe d'Europe des clubs champions (C1) comme joueur puis comme entraîneur. Deux Espagnols, deux Italiens, deux Néerlandais et un Français. Des anciens milieux de terrain et deux n° 10, soit des architectes du bonheur : Cruyff et Zidane. On dit que des joueurs, il ne reste que le palmarès.

MIGUEL MUÑOZ

JOUEUR 1956, 1957, 1958 (Real Madrid / Milieu 1948-1958)

ENTRAÎNEUR 1960, 1966 (Real Madrid, 1959-1974)

GIOVANNI TRAPATTONI

JOUEUR 1963, 1969 (Milan AC / Milieu 1953-1971)
ENTRAÎNEUR 1985 (Juventus de Turin, 1976-1986 puis 1991-1994)

JOHAN CRUYFF

JOUEUR 1971, 1972, 1973 (Ajax Amsterdam / Attaquant, 1964-1973 puis 1981-1983)

ENTRAÎNEUR 1992 (Barcelone, 1988-1996)

CARLO ANCELOTTI

JOUEUR 1989, 1990 (Milan AC / Milieu 1987-1992)

ENTRAÎNEUR 2003, 2007 (Milan AC, 2001-2009), **2014** (Real Madrid, 2013-2015))

PEP GUARDIOLA

JOUEUR 1992 (Barcelone / Milieu 1984-2001)

ENTRAÎNEUR 2009, 2011 (Barcelone, 2008-2012)

FRANK RIJKAARD

JOUEUR 1989, 1990 (Milan AC / Milieu puis défenseur), **1995** (Ajax Amtserdam)

ENTRAÎNEUR 2006 (Barcelone, 2003-2008)

ZINEDINE ZIDANE

JOUEUR 2002 (Real Madrid / Milieu 2001-2006)

ENTRAÎNEUR 2016, 2017 (Real Madrid)

Ils ont QUITTÉ LEUR CLUB *pour* GAGNER LA C1

À part Marseille en 1993, aucune équipe française n'est parvenue a gagné la C1. Cette conquête permit à Didier Deschamps et à Marcel Desailly de gagner la C1 qu'ils regagneront séparément, « Marcello » à l'AC Milan (1994) et « Dédé » à la Juventus de Turin (1996). À l'exception de l'effectif marseillais de 1993, tous les plus grands joueurs français sont partis de France pour soulever la Coupe aux grandes oreilles. Kopa comme Henry. Zidane comme Giuly.

Et aussi

Bixente Lizarazu (Bayern Munich)
Nicolas Anelka (Real Madrid)
Djibril Cissé (Liverpool)
Willy Sagnol (Bayern Munich)
Mikaël Silvestre (Manchester United)
Florent Malouda (Chelsea)
Franck Ribéry (Bayern Munich)
Raphaël Varane (Real Madrid)...

RAYMOND KOPA

30 mai 1957

Real Madrid 2-0 Fiorentina

Nœux-les-Mines, Angers, Reims, Real Madrid puis retour à Reims, voilà le parcours de l'un des plus grands ambassadeurs du football. Avant de gagner trois Coupes d'Europe des clubs champions à la suite (1957, 1958, 1959), il avait perdu la première finale de C1, le 13 mai 1956 au Parc des Princes : Real Madrid 4-2 Stade de Reims. Une finale où les Rémois avaient mené 2-3 jusqu'à la 67e minute. Le 3 mai 1959, Kopa gagne sa 3e C1 contre ses amis rémois battus 0-2. La saison suivante, Kopa quitte Di Stefano et Gento pour rejouer à Reims. Une façon de dire merci. Autre temps, autre mœurs.

MICHEL PLATINI

29 mai 1985

Juventus de Turin 1-0 Liverpool

Le natif de Jœuf devient un immense espoir à Nancy avant de confirmer à Saint-Étienne qui, avec l'équipe de France, lui sert de tremplin pour aller à la Juventus de Turin où il devient un joueur de classe mondiale, buteur et passeur. L'animateur du jeu de la Juve perd la finale de C1 1983 contre Hambourg (0-1) entraîné par Ernst Happel. La finale de la C1 1985 Juventus-Liverpool s'annonçait palpitante quand le drame intervint pour transformer la fête en bain de sang. Pas au courant de la tragédie dans toute son horreur, les joueurs disputèrent le match au cours duquel Platini marqua l'unique but, le penalty victorieux à la 58e minute. Au lieu d'être un lieu de joie, le stade du Heysel à Bruxelles n'était plus qu'un cimetière.

THIERRY HENRY

27 mai 2009

Barcelone 2-0 Manchester United

Révélé à Monaco, iconisé à Arsenal – après un bref passage à la Juventus de Turin où il fut une erreur de casting – l'attaquant ultra véloce s'impose à Arsenal sans parvenir à devenir un joueur décisif qui fait gagner la C1. En finale de la Champions League 2006, à Saint-Denis, il perd 2-1 contre le Barça entraîné par Frank Rijkaard. Pour enfin remporter la C1, il signe à Barcelone en 2007. Bingo ! En 2009, les Blaugranas réalisent un sextuplé : C1, Liga, Coupe d'Espagne, Supercoupe d'Europe, Supercoupe d'Espagne et Coupe du monde des clubs. Jouer avec Puyol, Busquets, Iniesta, Eto'o et Messi rend la vie plus facile. La lucidité n'est pas la moindre des qualités de « Titi ». En 2006, au stade de France, Ludovic Giuly, dans le camp d'en face, a brandi la C1 à la barbe des Gunners. « Ludo » qui rit, « Titi » qui pleure. De quoi donner des idées.

JEAN-PIERRE PAPIN

18 mai 1994

Milan AC 4-0 Barcelone

Après Valenciennes et Bruges, l'attaquant arrive à Marseille pour atteindre la finale de C1 1991, perdue aux tirs au but contre l'Étoile rouge de Belgrade (0-0, 5 tirs contre 3). En 1992, il part à l'AC Milan où ne fait pas mieux que finaliste de la C1 1993 contre... Marseille ! Alors que les Milanais atteignent la finale de C1 1994, il n'est pas aligné dans l'équipe qui la remporte. Comme il a participé à la campagne européenne, il peut signaler sur son palmarès qu'il a décroché le Graal au moins une fois. Parti au Bayern Munich, il n'aura pas plus de réussite avec la C1.

CHRISTIAN KAREMBEU

20 mai 1998

Real Madrid 1-0 Juventus de Turin

« L'essuie-glace » issu de Nantes joue à la Sampdoria Gênes avant de signer au Real Madrid où il remporte la C1 1998. Année fastueuse qui le voit gagner la Coupe du monde devant le Brésil au stade de France. Vaillant soldat du football, Karembeu remporte aussi la C1 2000 sous le maillot du Real Madrid mais sans jouer. C'est vraiment bien de signer dans un très grand club.

ZINEDINE ZIDANE

15 mai 2002

Real Madrid 2-1 Bayer Leverkusen

Parti de Cannes pour Bordeaux, le meneur de jeu signe à la Juventus de Turin afin de passer dans la dimension supérieure. Hélas ! Il perd deux finales de C1, en 1997 contre le Borussia Dormund (1-3) et en 1998 contre le Real Madrid (0-1). Sa réputation de poissard se transforme en béni des Dieux quand il remporte la Coupe du monde 1998, puis la C1 2002 sous le maillot du Real Madrid grâce à sa reprise de volée d'anthologie contre Leverkusen. Nommé entraîneur de la Maison Blanche, il enrichit illico son palmarès des C1 2016 et 2017.

CLAUDE MAKELELE

15 mai 2002

Real Madrid 2-1 Bayer Leverkusen

Joueur à Nantes, Marseille et Celta Vigo, le récupérateur-relayeur a dû signer au Real Madrid pour remporter la C1 2002. Six ans plus tard, sous le maillot de Chelsea il se retrouve en finale mais perd la C1 2008 contre Manchester United, après la séance des tirs au but à laquelle il ne prend pas part concrètement. Lui était sur le terrain pour faire un ménage constructif et non pas pour actionner le tableau d'affichage.

PATRICE ÉVRA

21 mai 2008

Manchester United 1-1 Chelsea. MU gagne aux tirs au but 6-5

Finaliste de la Champions League 2004 avec Monaco, le défenseur latéral a quitté la L1 pour MU où il a gagné la C1 2008. En 2009 et 2011, il parvient encore en finale où MU est battu à chaque fois par Barcelone. Transféré à la Juventus de Turin, il est encore vaincu en finale par le Barça en 2015. Sur cinq finales de C1, il n'a pu en collectionner qu'une seule. Sa parole tranchante a contribué à agrandir son réservoir de détracteurs mais le footballeur n'a jamais été formaté par un centre étatique. Il a appris la vie dans la rue. C'est un homme libre. Sa grinta est supérieure à sa technique.

ÉRIC ABIDAL

28 mai 2011

Barcelone 3-1 Manchester United

Avant de remporter la C1, le défenseur du Barça avait déjà comptabilisé celle de 2009 contre MU mais il n'avait pas pu la disputer parce qu'il fut expulsé en demi-finale contre Chelsea. Avant de triompher en terre catalane, Abidal avait joué à Monaco, Lille et Lyon. Remis d'une grave opération, il a été nommé ambassadeur de Barcelone, c'est dire dans quelle estime le tiennent les Catalans.

KARIM BENZEMA

24 mai 2014

Real Madrid 4-1 Atlético de Madrid

Le buteur est un chantre de la stabilité : de Lyon il est passé au Real Madrid où il est devenu titulaire parce qu'il s'est mis au service de Cristiano Ronaldo. Il remporte une première C1 en 2014 dans le derby madrilène. Le même scénario se déroule en 2016. L'année suivante, Benzema remporte la C1 2017 contre la Juventus de Turin. Coéquipier idéal, il n'est quasiment jamais averti. Sa transmission de balle a une vitesse inouïe.

Ils ont inventé UN GESTE

Des joueurs ont donné leur nom à un geste, pour les gardiens hélas ! à une erreur. D'autres ont inventé ou vulgarisé un contrôle de balle qui faisait leur signature. Peu de sportifs perpétuent leur patronyme de cette façon. On songe bien sûr au « fosbury-flop », rouleau dorsal de Dick Fosbury (saut en hauteur). Au football, nous avons la « papinade », l'« Arconada » et le « Cruyff turn ».

LA « MAIN DE DIEU »

Pendant la Coupe du monde 1986, au Mexique, lors du quart de finale contre l'Angleterre (2-1), **Maradona** s'élève et marque de la tête. Tout le monde pense ça mais le ralenti montre qu'il a marqué de la main, faisant croire qu'il avait fait une tête. Tout va si vite qu'en direct, on n'y a vu que du feu. Dans ce match, Maradona marque aussi un but d'anthologie, histoire de démontrer qu'il n'est pas exactement comme tout le monde. Au retour de la mi-temps, trois minutes après l'ouverture du score, il part de son camp, balle au pied, et dribble tous les Anglais qui se trouvent sur son chemin pour aller battre le gardien Peter Shilton. Les deux buts furent inscrits entre la 51e et la 54e minute. Docteur Maradona et Mister Diego. Des comme lui, il n'y en a pas deux. Quand on lui demanda de commenter son premier but, il déclara lui-même, avec un bel aplomb : « C'est la main de Dieu ». Il nous expliquait que c'est une force venue de l'au-delà qui fit le geste. Lui n'était que l'exécutant. Jamais il ne se prit pour Dieu même si des fans ont décoré une église en l'honneur de leur Dieu du football.

UNE « PANENKA »

Le 20 juin 1976, la finale de l'Euro, à Belgrade, entre la Tchécoslovaquie et la RFA fut sifflée sur le score 2-2 après prolongations. Les Allemands de l'Ouest avaient égalisé à la 89e. De manière inédite, il fallait départager les équipes par une séance de tirs au but qui se termina 5-3 en faveur des Tchécoslovaques. Comme Ulie Hoeness rata son tir – le 4e de la série allemande – il suffisait à **Antonín Panenka** de réussir le sien, le 5e, pour gagner le match. Le tireur s'élança très décontracté, piqua la balle d'une pichenette qui partit en vrille avant de retomber au ralenti, en plein centre de la cage de Sepp Maier, parti à gauche. Les partenaires de Panenka savaient que leur ami était capable d'oser ce geste car il avait déjà tiré des penaltys de la sorte. Le portier tchécoslovaque Ivo Viktor avait demandé au milieu offensif de ne surtout pas tenter le diable avec ce « geste fou » que le joueur du Bohemians Prague venait de lui faire subir en championnat. Panenka avait un mental d'acier, sûr de sa technique redoutée par tous ses adversaires. La presse politisa le tir de Panenka. Le tireur décisif certifia n'avoir pas voulu humilier la RFA. Le plus sûr de battre Maier ce soir-là, ce fut « d'utiliser ma méthode » précisa celui qui dota la Tchécoslovaquie de son unique Euro.

LA « ROULETTE »

Zinedine Zidane a remis au goût du jour la roulette, mais ce n'est pas lui qui l'a inventée. Avant lui, deux joueurs la pratiquaient sans l'avoir élaborée eux-mêmes. L'origine exacte n'est pas connue. Quand deux joueurs en pleine course sont côte à côte celui qui a le ballon fait une rotation au-dessus et repart face à son adversaire pour le déborder. L'Argentin **José Farías** (1937-2004) exécutait cette feinte dans le championnat de France quand il jouait au Racing Club de Paris, au RC Strasbourg et au Red Star. **Yves Mariot** (1948-2000), ancien attaquant à Nancy, Sedan, Lyon et Bastia, entre autres, réalisait très souvent une « roulette aérienne ». Il mettait le ballon derrière lui et avec l'aide du talon, en s'aidant avec l'autre pied, le faisait passer par-dessus lui pour prendre de vitesse celui qui le chargeait. Le public criait souvent : « Mariot, la roulette ! Mariot, la roulette ! » Il finissait par en faire une.

« LE SAUT DU SCORPION »

Le 6 septembre 1995 lors du match amical contre l'Angleterre (0-0), à Wembley, le gardien colombien **René Higuita** eut une fulgurance jamais vue dans un match international. Sur un tir lointain de Jamie Redknapp, Higuita se jette en avant, les mains au sol avec les jambes ramenées en arrière au-dessus de sa tête. Cette figure de style lui permit de très bien renvoyer le ballon. Ce geste eut la précision d'un numéro de cirque réglé au millimètre près. La gestuelle rappela celle du scorpion au moment de son attaque-défense. Il fallait oser, dans le temple du football ! Le gardien colombien jouait souvent comme un libéro, interceptant le ballon dans sa surface avant de remonter tout le terrain pour porter le danger loin de sa cage qu'il avait désertée.

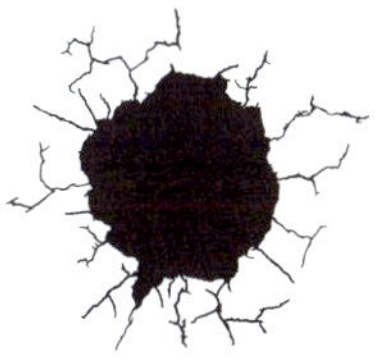

UNE « ARCONADA »

Pendant plus d'une mi-temps, la finale de l'Euro 1984, au Parc des Princes, le 27 juin, France-Espagne, était un match tendu qui refusait de donner son verdict quand à la 57e minute, un coup franc fut sifflé pour les Français. Platini, le maître du genre, le tira et le gardien espagnol **Luis Arconada** n'a pas pu empêcher le ballon de lui passer sous le ventre pour aller mourir au fond des filets. Bruno Bellone accentua le score en fin de match (2-0). Suite à sa « toile », le gardien international de la Real Sociedad a vu son nom associé à son erreur. Soixante-dix fois sélectionné dans la cage de la Roja, Luis Arconada ne fut plus appelé à partir de 1985. L'« Arconada » lui fut fatale.

UNE « MADJER »

Le grand attaquant algérien, aux 86 sélections, qui joua avec succès au Racing Club de Paris, à Tours et à Porto a répondu présent lors de la finale de Coupe d'Europe des clubs champions 1987, le 27 mai, par une talonnade qui fut le geste juste car, s'il avait voulu se retourner, les défenseurs l'auraient empêché de tirer. Cette talonnade dos au mur, à la 79e minute, a permis à son équipe d'égaliser 1-1. Deux minutes plus tard, le Brésilien Juary aggravait la marque pour faire gagner Porto 2-1. Les Portugais s'imposèrent devant le Bayern Munich dont les joueurs, qui avaient battu le Real Madrid en demi-finale, s'étaient vus trop beaux au coup d'envoi. Quand on délaisse le football, celui-ci se venge.

« LA FEUILLE MORTE »

Le Brésilien **Didi** (1928-2001) a hérité de la paternité de « la feuille morte » parce qu'il l'a pratiquée régulièrement à partir des années 1950. Avant-guerre, le Franco-autrichien **Henri Hiltl** tirait déjà les coups francs, feintant qu'il allait frapper en force alors qu'il masquait sa frappe pour bloquer au dernier moment son appui afin de soulever la balle par en-dessous, façon cuillère. Dans ce cas-là, le ballon, sous son allure lente, prend la forme d'un lob en retombant dans un tourbillon qui fait penser à une feuille morte. L'idéal, c'est en même temps de prendre le gardien à contrepied.

LE « CRUYFF TURN »

En 1974, ceux qui ne le connaissaient pas ont découvert le talent de **Johan Cruyff**, joueur très ludique. Quand un adversaire le chargeait trop à la culotte, il se mettait dos à son « chien de garde », faisait semblant de tirer d'un côté mais en fait il repliait son pied pour faire passer le ballon sous son autre jambe, virevoltant sur lui-même pour partir dans le sens inverse vers le but où il fallait marquer. Le Paraguayen **Eulogio Martínez** (1935-1984) réalisait ce geste mais il n'a pas laissé son nom à cette figure technique alors que la paternité lui en revient, en tout cas en ce qui concerne les joueurs qui ont pu être filmés. Tout comme Cruyff, l'attaquant joua lui-même à Barcelone de 1956 à 1962. Une époque préhistorique.

UNE « SCHUMACHER »

La demi-finale de la Coupe du monde 1982 RFA-France (3-3, 5-4 t.a.b.) est l'un des plus grands matchs de l'histoire, par son intensité dramatique. De fait, alors que les deux équipes étaient à égalité 1-1, **Harald Schumacher** sortit de sa cage pour stopper Patrick Battiston, nouvel entrant, qui fonçait vers le but avec la possibilité de marquer. Le Français prit de plein fouet le corps du gardien allemand qui fit office de mur, au mépris total du ballon. Battiston se retrouva au sol, inconscient. Le blessé évanoui fut sorti sur civière pendant que Schumacher mâchait du chewing-gum tout en faisant rebondir le ballon, sans jamais un regard vers celui qu'il avait envoyé à l'hôpital. Battiston, gravement blessé à la mâchoire, a conservé des séquelles à vie qui méritent une surveillance constante. L'arbitre du match, le Néerlandais Charles Corver, n'a donné aucun carton à l'agresseur. Ni jaune, ni rouge. Même pas de coup franc pour la France victime d'une injustice frappante.

LA « PAPINADE »

Ballon d'or 1991 sous le maillot de Marseille, **Jean-Pierre Papin** a marqué son époque par de nombreuses « papinades », des gestes qu'aucun autre joueur n'osait à sa place dans des conditions similaires. Même chargé, s'il voyait la moindre possibilité de faire ce qu'il entrevoyait à la vitesse supersonique, il tentait l'impossible et son culot était souvent récompensé. Sa panoplie était riche et variée : bicyclette, retourné, ciseau à l'horizontale… Rien ne lui était interdit. Impossible n'est pas Papin ! Il fallait avoir un grand bagage technique pour réaliser ce genre de figures de style. Cela nécessitait des répétitions incessantes pour peaufiner sans cesse la gestuelle afin de la déclencher à merveille au moment venu.

D'AUTRES JOUEURS ONT ASSOCIÉ LEUR NOM À DES GESTES PRÉCIS

Ramón Unzaga : la « Bicyclette » ou retourner acrobatique
Rafael Moreno Aranzadi : en hommage au buteur de 1,54 m, on appelle « Pichichi » le classement du meilleur buteur de la Liga espagnole
Fernando Redondo : « Redondo », un grand pont réalisé grâce à une talonnade faite dos à l'adversaire
Johan Cruyff : le « penalty une-deux » avec l'offrande à un partenaire
Vata : la « main du diable » ou « la main du sauveur » lors de Benfica-Marseille (1-0) en demi-finale de C1 1990
Thierry Henry : la « main pour éviter le corner »
Éric Cantona : le « Kung-fu » pour se protéger d'un fan mal intentionné
Zinedine Zidane : « le coup de boule » en riposte à une agression verbale
Jean-Marc Bosman : « l'arrêt Bosman » permettant la libre circulation des joueurs
Rivelino, Ronaldo et Ronaldinho : tous adeptes du « Flip-Flap », lors d'un duel, envoyer le ballon sur la droite puis le ramener complètement sur la gauche
Johan Cruyff : le « tiki-taka » signifie la conservation du ballon par une équipe en mouvement perpétuel par un schéma de passes courtes et rapides
Francis Borelli (ex-président du PSG) : embrasser la pelouse à la fin d'une victoire importante…

JOHAN CRUYFF

L'intelligence festive en mouvement

★

Il y a eu av. J.-C. et apr. J.-C. Johan Cruyff a transformé le football, comme joueur puis comme entraîneur. Le meneur de jeu a donné ses lettres de noblesse au football néerlandais que le monde entier s'est mis à envier. Un football total, généreux, d'attaque, avec des bases solides. À l'Ajax Amsterdam et à Barcelone, Cruyff a marqué l'histoire du sceau de sa très grande classe.

Intelligence ! Intelligence du jeu. Intelligence du geste. Intelligence de la parole. Aucun autre mot ne définit mieux Johan Cruyff, l'un des cinq meilleurs joueurs de l'histoire avec Pelé, Maradona, Di Stefano et Puskás. Dès qu'on a vu Cruyff courir sur nos écrans, on a su qu'il s'agissait d'un artiste. Des chevauchées efficaces et belles. Un esprit de décision. Un art de la feinte. Une âme de latin dans un corps de viking. Un chef d'orchestre qui dirigeait ses troupes tout en étant le premier soliste. Il créait et créait encore. Son talent aurait pu s'exercer dans d'innombrables autres domaines. Il était né footballeur comme on est blond ou noir. C'est une chance d'avoir été son contemporain. Et c'est une grande tristesse de l'avoir vu mourir si jeune. La vivacité de son débit verbal rappelait François Truffaut, une signature orale qui trahit une angoisse évidente, perceptible, résultat d'une sensibilité hors normes. Le danseur du football avait ce temps d'avance qui rend encore plus seul.

Son visage, ses yeux, sa façon de parler diffusait un charisme qui nous touchait en plein cœur. Il était le leader des Néerlandais comme Jim Morrison celui des Doors. Un footballeur complet : technique, mental et physique. Son apogée s'est déroulée pendant les années 1970, des années festives, où l'on pouvait être joueur de haut niveau et fumer au-delà du raisonnable. Ne faisant rien comme tout le monde, il jouait avec le numéro 14, ce qui marquait sa différence. Quand on le voyait sur un terrain, on ne pouvait pas détacher son regard de sa présence électrique. Sa fluidité donnait l'impression qu'il était poussé par une force mystérieuse. En fin de course, il pouvait encore donner un coup de rein diabolique qui le propulsait hors du marquage des adversaires. Sa supériorité technique et intellectuelle pouvait le rendre arrogant comme au début de la finale de la Coupe du monde 1974 contre l'Allemagne à Munich. Dans un stade, à la fois hostile et admiratif, il nargue dès les premières secondes les Allemands qu'il passe en revue comme un skieur efface les piquets d'un slalom géant. Au bout de son gymkhana, il obtient un penalty transformé par Neskeens, l'autre génial Johan des Oranges mécaniques. Cruyff était l'homme des coups d'éclat, de la lumière. Neskeens, le besogneux du sale boulot, indispensable à la récupération. L'ombre est aussi importante que le soleil. Résultat RFA 0-1 Pays-Bas, au bout d'une minute de jeu ! Au lieu de régner sur le match, les favoris s'endorment dans leur suffisance et Berti Vogts, la sangsue de la Mannschaft met sous l'éteignoir Cruyff qui disparaît totalement de la circulation. Et c'est ainsi que la RFA remporta la finale 2-1, rendant malheureux tous les amoureux du football, en dehors de l'Allemagne. Cruyff conserva une plaie ouverte de cet échec irréversible et devient le coach révolutionnaire de Barcelone pour offrir au club catalan sa première Ligue des Champions (1992). Tous les passionnés de football portent le deuil de Cruyff, le fils de la femme de ménage de l'Ajax. Un héros de la classe ouvrière, l'égal de John Lennon.

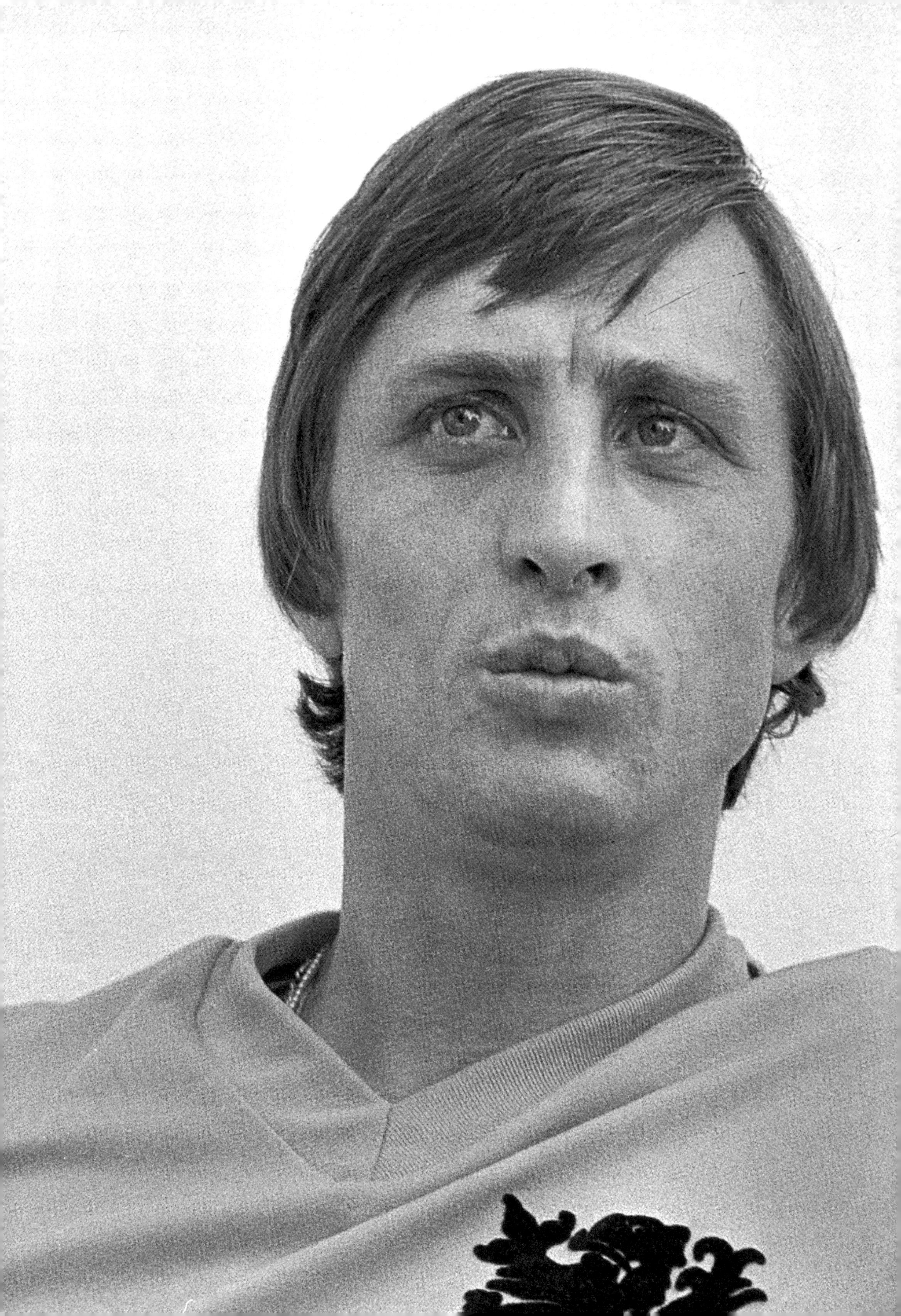

Ils sont devenus POLITICIENS, MINISTRES...

Au football, il y a de bonnes traditions, comme celle qui invite le président de la République à saluer les joueurs avant la Coupe de France. S'y sont pliés avec enthousiasme, à la suite de Gaston Doumergue, les présidents Lebrun, Coty, Auriol, Giscard d'Estaing, Mitterrand et Macron. D'autres se sont abstenus pour éviter d'être sifflés. Rares, mais bien décidés, des footballeurs s'engagent dans le combat politique, à l'inverse du modeste Michel Hidalgo qui a refusé le poste de ministre des sports dans le gouvernement Fabius en 1984.

JÓZSEF BOZSIK

DÉPUTÉ

Alors que Ferenc Puskás a choisi l'exil, pour fuir la dictature hongroise et jouer au Real Madrid afin de ne plus évoluer dans une équipe militaire, son ami József Bozsik est resté au pays pour évoluer constamment sous le maillot de Budapest Honvéd. Parallèlement à sa carrière de joueur, le milieu de terrain est élu député au parlement de Budapest au milieu des années 1950 dans la Hongrie communiste, de l'autre côté du rideau de fer. Une élection dans un fauteuil puisque le parti communiste n'avait pas de rivaux.

PELÉ

MINISTRE

De son vrai nom Edson Arantes do Nascimento, Pelé a toujours été sollicité par les politiciens comme par les sponsors, premier footballeur a commercialisé mondialement son nom. Ses détracteurs l'accusent tout le temps de ne penser qu'à lui au lieu d'utiliser son immense notoriété pour combattre la junte militaire, à l'exemple de Sócrates qui lui a milité toute sa vie pour établir la démocratie au Brésil. Pelé a accepté le poste de ministre des Sports du Brésil, de 1995 à 1998 dans le gouvernement de Fernando Henrique Cardoso du Parti de la social-démocratie brésilienne, un poste honorifique, rien de plus, sauf que ça permet de dire que naître dans un bidonville de Três Corações, au nord de São Paulo, n'empêche pas de devenir ministre. Pelé est ensuite ambassadeur de l'ONU à l'Écologie et l'Environnement (1992) puis de l'Unesco (1995) et de l'Unicef. Pelé n'aime pas semer la zizanie. Il n'est pas du genre à mettre les pieds dans le plat.

ALBERT GUDMUNDSSON

MINISTRE

Chez les Gudmundsson, on est footballeur de père en fils et c'est « monsieur Albert » qui a donné le coup d'envoi. L'aîné de la dynastie est le premier Islandais à devenir professionnel. Après ses débuts à Reykjavik, le milieu de terrain joue aux Glasgow Rangers puis fait un essai non concluant à Arsenal : l'Angleterre qui n'était pas encore l'Eldorado pour les étrangers ne lui accorde pas un permis de travail. Il part alors à Nancy où un recruteur du Milan AC l'incite à venir en Italie où il se blesse gravement. Pour se relancer, il joue au Racing Club de Paris et atteint la finale de la Coupe de France, perdue 2-0 devant Reims. Au terme de sa carrière, à l'OGC Nice, il retourne dans son pays pour devenir président de la Fédération de football. Fin diplomate, il se lance dans la politique et enchaîne les postes : conseiller municipal, député islandais, ministre des finances, ministre de l'industrie et enfin ambassadeur d'Islande à Paris de 1989 à 1993. François Mitterrand l'appréciait beaucoup et rompait le protocole pour évoquer « monsieur Albert » à Colombes.

GEORGE WEAH

CANDIDAT AUX PRÉSIDENTIELLES DU LIBERIA

Le Ballon d'or 1995, après une carrière d'attaquant de haut parage à Monaco – « un cadeau de Dieu avec Arsène Wenger, un second père » – Paris, Milan AC, entre autres clubs honorés de sa présence, a entamé une carrière politique deux ans après avoir dit adieu au terrain avec « la fierté d'avoir gagné sa vie en jouant au football ». Candidat à l'élection présidentielle 2005 du Liberia sous l'étiquette du Congrès pour un changement démocratique, il atteint le second tour avec 40,4 % des voix face à l'économiste Ellen Johnson Sirleaf. Fin 2014, il est élu sénateur de Monrovia, la capitale du Liberia, dans un vote qui vire au plébiscite. Monrovia là où il fut élevé dans un bidonville par sa grand-mère. En 2017, il s'active pour se présenter dans de meilleures conditions aux nouvelles élections présidentielles. Le buteur « mister George » est d'attaque.

ROMARIO

DÉPUTÉ

L'attaquant qui s'octroie 1 000 buts comme Pelé n'a jamais été proche de son aîné, dont il n'apprécie pas la langue de bois. Quand Romario asticote Pelé sur sa vie privée pas de tout repos, l'icône au service de la promotion du Viagra sort parfois de ses gongs : « Il faut pardonner aux ignorants. » Romario est un véritable homme politique et non pas un prête-nom à but lucratif. Membre du Parti socialiste brésilien, il est élu député fédéral de Rio Janeiro, poste qu'il a occupé du 1er février 2011 au 31 janvier 2014. Depuis le 1er février 2015, il est sénateur fédéral de Rio de Janeiro. Il a voté le départ de Dilma Rousseff, présidente de la République fédérative du Brésil, destituée par le Sénat le 31 août 2016. Romario axe tous ses combats politiques sur la chasse à la corruption.

GIANNI RIVERA

DÉPUTÉ

La star des années twist du Milan AC, double vainqueur de la Coupe d'Europe des clubs champions 1963 et 1969, année où il reçoit le Ballon d'or, a adhéré à la Démocratie chrétienne en 1994 puis a été proche de différents politiciens italiens : auprès de Mario Segni, il est président du Pacte Segni et secrétaire à la présidence de la Chambre (1994-1996), secrétaire d'État à la Défense (1996-2001). Il quitte Mario Segni pour le Renouveau italien de Lamberto Dini, puis passe aux Démocrates de Romano Prodi avec lesquels il entre dans La Margherita, parti du Centre. Devenu député européen, il a succédé à Mercedes Bresso (en 2005) nommée présidente du Piémont. Solidaire du groupe des non-inscrits, Rivera adhère en février 2008 au mouvement de la Rose blanche, mouvement centriste.

HAKAN SÜKÜR

DÉPUTÉ

L'ex-attaquant turc de Galatasaray, international aux 112 sélections et 51 buts avec la Turquie, troisième de la Coupe du monde 2002, a marqué contre la Corée du Sud (3-2) lors de la « petite finale » le premier but après 10,8 secondes de jeu, soit le plus rapide de l'histoire de la compétition. Lors des élections législatives 2011, il est élu sur la liste du parti islamo-conservateur AKP (Parti de la justice et du développement). En désaccord avec le Premier ministre Erdoğan, sa démission en 2013 du parti majoritaire est assimilée à une « insulte » qui lui fait risquer la prison. Il a quitté son pays pour la Californie.

D'AUTRES RECONVERSIONS

EN POLITIQUE

Oleg Blokhine, député ukrainien
Zico, ministre des Sports du Brésil
à la charnière des années 1990
Éric Di Meco, conseiller municipal à Marseille
dès 1995, le vainqueur de la C1 1993 avec l'OM
est suppléant de Nora Remadnia Preziosi
aux élections législatives 2007 dans
la 7e circonscription des Bouches-du-Rhône.

Les footballeurs QUI PLEURENT

Des larmes sont versées chaque année sur le terrain. À 95 % des larmes de tristesse. Elles veulent dire : « Peut-être que plus jamais je n'arriverai en finale… » ou « J'ai encore perdu… » Des joueurs s'en remettent et parviennent à effacer, revivre de grandes émotions positives. Le football est un sport d'intenses émotions. C'est pourquoi les footballeurs ont pris la place des acteurs dans l'imagerie populaire.

P. GASCOIGNE

B. BOLI

D. MARADONA

M. HIDALGO

J. TIGANA

C. RONALDO

PELÉ 1958

Au moment du sacre du Brésil en Suède (5-3), qui a battu dans son stade le pays hôte, le jeune Pelé ne peut pas contenir son émotion, d'autant plus qu'il a réalisé un doublé. Le 29 juin 1958 reste dans l'histoire comme le jour où le Brésil est enfin devenu champion du monde pour la première fois. Sachant l'importance du football au Brésil, Pelé mesure l'exploit à sa juste valeur. Ses coéquipiers, tous plus âgés que lui, l'entourent, le consolent, l'embrassent. Le rire est vite revenu sur le visage de Pelé que plus personne n'oubliera.

M. HIDALGO 1977

Pour la France du football, le 17 novembre 1977 est un très grand moment. Les Tricolores se sont qualifiés pour disputer la Coupe du monde 1978 en Argentine. Depuis l'édition de 1966, la France ne parvenait plus à se qualifier. En 1970 et 1974, les internationaux français ont regardé les deux tournois mondiaux dans leur salon. Dans le but de relancer le football français : Stefan Kovacs – l'entraîneur roumain de l'Ajax Amsterdam – a pris la tête de la sélection avant de passer le témoin à Michel Hidalgo qui a relevé le défi avec pour leader Platini. La victoire 3-1 contre la Bulgarie, avec pour buteurs Rocheteau, Platini et Dalger, a fait pleurer leur sélectionneur, touché comme un père par ses fils qui l'ont porté en triomphe.

J. TIGANA 1982

La demi-finale de la Coupe du monde 1982 France-RFA (3-3) perdue par la France aux tirs au but a marqué au fer rouge ceux qui l'ont jouée et aussi ceux qui l'on vue. L'arbitre néerlandais avait fait ami-ami avec les Allemands dont il parlait la langue. Avant d'assommer Patrick Battiston, le gardien de but allemand Harald Schumacher avait plusieurs fois dépassé les limites, agressant sans cesse les attaquants Six et Rocheteau. Quand ils menaient 3-1, les Français ont lâché dans la tête et se voyaient déjà en finale. L'enjeu était trop fort, inédit. Les Allemands avaient plus l'habitude des grands tournois. À la fin du match, Jean Tigana a fondu en larmes sur le terrain. D'autres ont attendu le vestiaire pour s'effondrer. Ce fut un soir d'atroce défaite mais c'est aussi grâce à ce match que la France a gagné l'Euro 1984. Jean Tigana pensait qu'une fois ça suffit !

P. GASCOIGNE 1990

Toujours en quête d'une autre Coupe du monde depuis celle engrangée en 1966 chez elle, à Wembley, l'Angleterre rêve toujours d'un second sacre mondial qui se refuse toujours à l'équipe aux Trois lions. En 1990 lors de la demi-finale contre l'Allemagne (1-1) – l'éternelle « ennemie » –, les Anglais calent encore, cette fois aux tirs au but : 4-3. Jamais ils n'avaient connu une issue négative au terme de cet exercice. Paul Gascoigne ne participa pas à la terrible loterie et après les deux tirs de Pearce et Waddle, « Gazza » pleura toutes les larmes de son corps. À 23 ans, il en rêvait tant de cette finale qui sera en fait Allemagne-Argentine (1-0) et non pas Angleterre-Argentine qui aurait été la revanche du duel de 1986.

D. MARADONA 1990

Le champion du monde voulait absolument conserver le titre mondial acquis en 1986 au Mexique. Quatre ans plus tard, l'Argentin était au sommet de son art. La tension ne faisait que monter. En demi-finale, à Naples, le joueur de Napoli a éliminé l'Italie (1-1, 4 tirs au but à 3) devant 60 000 Italiens présents dans le stade San Paolo. L'Italie était sortie de « son » tournoi par Maradona. Le pays était soudain en deuil de son football. Maradona avait maîtrisé la pression de l'événement. En finale, à Rome, 73 000 personnes ne voulaient pas le voir gagner. Apparemment, ils n'étaient pas les seuls à penser de la sorte. À la 85e minute, l'arbitre siffla un penalty imaginaire pour l'Allemagne que ne se priva pas de transformer Andreas Brehme. 1-0 cela suffisait à éviter les prolongations. Franz Beckenbauer était heureux de remporter le trophée, cette fois sur le banc de l'entraîneur, lui qui ne s'y asseyait jamais. Perdu sur le terrain, hagard, triste comme un orphelin, Maradona pleurait. Un minime égaré dans une compétition de ploutocrates.

B. BOLI 1991

« Cette fois, je ne pleure pas ! Non, non, non, pas de larmes ! » Basile Boli était au top de sa forme à la fin de la finale de la C1 1993 gagnée contre le Milan AC grâce à son but de la tête. L'unique but du match, un vrai coup de canon. S'il avait pu, c'est tout son corps qui se serait élancé dans la cage milanaise. Le ballon a suffi. Marseille avait enfin sa C1... et la France aussi ! L'OM a fait mieux que Reims et Saint-Étienne recalés en finale, à leur époque respective. Basile Boli ne voulait plus souffrir comme à la fin de la finale de C1 1991 perdue contre l'Étoile Rouge de Belgrade (0-0) qui a échappé aux Marseillais lors des tirs au but (5-3). À Bari, Basile pleura. À Munich, Boli souriait. En deux ans, les deux visages de la commedia dell'arte. Au football, les joueurs sont aussi des acteurs, même si Boli, lui, ne faisait jamais de cinéma.

D. TREZEGUET 2006

Héros de l'Euro 2000 quand il a marqué le but en or en finale contre l'Italie (2-1) – sur une passe de Robert Pirès – le 2 juillet à Rotterdam, David Trezeguet s'est vu devenir maudit en 2006 au terme de la séance des tirs au but où, ayant raté sa tentative avec sa frappe qui est allée s'écraser sur la transversale de la cage gardée par Gianluigi Buffon, il s'est senti responsable de la défaite de la France (1-1, 5 tirs au but à 3) au terme de la finale de la Coupe du monde, la seconde pour la France, en huit ans. Quelques heures après la défaite, les joueurs français ont salué leurs supporters depuis la terrasse de l'hôtel Crillon sur la place de la Concorde, toujours sous le coup de son échec, Trezeguet se mit à pleurer, ne pouvant plus s'arrêter jusqu'à l'arrivée de Thierry Henry qui le prit dans ses bras pour le consoler.

D. BECKHAM 2013

Après avoir acquis un palmarès à Manchester United, David Beckham a joué aux États-Unis pour faire encore plus fructifier les gains autour de sa notoriété. Devenu trop mannequin, il revient joueur sur les terrains européens. Au Milan AC puis au PSG où il sert plus de VRP de luxe que de joueur. Non sans une grande émotion, il fit ses adieux au terrain devant le public du Parc des Princes qui lui fit une ovation. Son parcours de footballeur professionnel s'est achevé donc à Paris par le titre de champion de France 2013 auquel il a participé sur la pointe des pieds. Juste le temps de servir d'appât pour que le PSG version QATAR soit davantage connu au plan international.

C. RONALDO 2016

Parvenu en finale de l'Euro 2016 sur le sol français, Cristiano Ronaldo voulait remporter le trophée, pour marquer sa différence avec Lionel Messi qui échoue toujours sous le maillot de l'Argentine. France-Portugal est une belle affiche jusqu'au moment où Dimitri Payet blessa Ronaldo qui fit tout pour rester sur la pelouse au prix d'un grand effort mental avant de s'effondrer sur le terrain pour y pleurer à chaudes larmes. La charge outrancière de Payet le privait de « sa » finale qu'il quitta sur une civière à la 25e minute. Au lieu de capituler, le Portugal se rebiffa tandis que la France ne parvenait pas à passer la vitesse supérieure pour profiter de l'absence du multiple Ballon d'or. Loin de se résigner à la défaite, Ronaldo boitant, le genou gauche bandé, se plaça sur la ligne de touche pour transcender ses partenaires. Pas un seul instant, Ronaldo ne s'est morfondu sur le banc. On le voyait hurler, commander, dicter ce qu'il fallait faire, plus important que le sélectionneur, effacé à côté du fougueux qui eut le bonheur de voir Eder – un remplaçant – marquer le but victorieux dans les prolongations 1-0. Même blessé, Ronaldo resta le plus fort.

L. MESSI 2016

L'Argentin n'a toujours pas résolu son complexe vis-à-vis de Maradona parce que son aîné a gagné la Coupe du monde 1986. Ce titre manque cruellement au palmarès du plus jeune qui n'arrive pas à gagner des titres dès qu'il sort du FC Barcelone. La finale de la Copa America, Chili-Argentine se termine par un 0-0 qui débouche sur la séance des tirs au but qui est désastreuse pour l'Albiceleste : 4 à 1 pour le Chili. Seul Messi réussit le sien pour l'Argentine. En 2017, se déroule exactement le même match entre l'Argentine et le Chili (0-0) qui doivent refaire une séance de tirs au but et le Chili gagne encore, cette fois 4-2. Messi rate le sien. Trop c'est trop ! Lors de la cérémonie de la remise du trophée, Messi se mit à pleurer. La désillusion est si importante qu'il annonce sa retraite internationale qu'il renia plus tard. Les sponsors ont fait le forcing pour son retour.

Les joueurs qui ont juré FIDÉLITÉ À LEUR CLUB

Au XXIe siècle, les footballeurs changent de club comme de chemise. Des exceptions confirment la règle quand des joueurs restent toute leur vie dans le club de leur enfance, comme Totti à la Roma. Jadis Pelé n'a pas quitté non plus Santos FC (1956-1974) tout simplement parce que l'exportation des joueurs en était à la préhistoire. Aujourd'hui, Pelé jouerait au Real Madrid.

VALERI LOBANOVSKI
DYNAMO KIEV
1954-2002

Lié à son club natal, l'ailier gauche devenu entraîneur, a passé 48 ans sur les lieux de son enfance, avec de courtes séquences d'infidélités professionnelles. Sa statue juchée sur un énorme ballon contraste avec la rapidité de son football.

BOB PAISLEY
LIVERPOOL
1939-1983

Presque un demi-siècle au service des Reds ! L'ex-défenseur est le seul entraîneur affichant à son palmarès trois Coupes d'Europe des clubs champions gagnées avec le même club.

FRANCISCO GENTO
REAL MADRID
1953-1971

« La Boule de feu » a remporté six Coupes d'Europe des clubs champions entre 1956 et 1966. Sur son aile gauche, il distribuait sans cesse du caviar pour Di Stefano et Puskás. 176 buts en plus de 600 matchs.

ALBERT BATTEUX
STADE DE REIMS
1937-1963

Pionnier du football moderne, champion de France 1949. Entraîneur, il perd deux finales de Coupe d'Europe des clubs champions contre le Real Madrid (1956 et 1959). L'esthète a conduit la France à la 3e place de la Coupe du monde 1958.

PAUL SCHOLES
MANCHESTER UNITED
1991-2013

Natif du nord-ouest de Manchester, il est l'un des joueurs essentiels de l'ère Ferguson. Courageux aiguilleur en chef des Red Devils, il a pris la succession de Cantona, sur le terrain et dans le cœur des fans. Onze championnats à son actif.

UWE SEELER
HAMBOURG
1945-1972

Le buteur doté d'une puissante frappe a dépassé la barre des 500 buts dans le club de sa ville natale qu'il a intégré à 9 ans pour démarrer professionnel à 16 ans.

FRANCESCO TOTTI
AS ROMA
1989-2017

L'attaquant à la grande vista n'a jamais voulu quitter le berceau natal refusant tous les transferts car son cœur n'est pas assez grand pour aimer deux clubs. 307 buts en 786 matchs à la Roma.

JAVIER ZANETTI
INTER MILAN
1995-2014

L'Argentin aux 145 sélections a joué 19 ans sous les couleurs de l'Inter Milan pour y déployer son âme défensive pendant 858 matchs. Son palmarès est rutilant : 5 série A et la C1 en 2010.

CARLES PUYOL
BARCELONE
1995-2014

Le Catalan avait une grinta qui bonifiait tous ses partenaires galvanisés par la volonté de leur capitaine. En 20 saisons, le « guerrier », défenseur central, a gagné six championnats et trois C1. Son palmarès scintille de l'Euro 2008 et de la Coupe du monde 2010.

PHILIPP LAHM
BAYERN MUNICH
1995-2017

Avec près de 510 matchs au Bayern où il a remporté huit championnats et la C1 2013, le champion du monde 2014 était un défenseur latéral qui ne cessait pas de passer à l'offensif.

STEVEN GERRARD
LIVERPOOL
1989-2015

Plus d'un quart de siècle chez les Reds a permis au milieu de terrain tutélaire de remporter la C1 2005 mais l'obsession de remporter le championnat est restée infructueuse.

JOHN TERRY
CHELSEA
1995-2017

Tour de contrôle dans la défense centrale, il rassurait son équipe par son calme et sa régularité. Le solide athlète, très bon de la tête, n'avait pas les pieds carrés. Plus de 800 matchs professionnels.

D'AUTRES JOUEURS QUI EUX AUSSI N'ONT PAS EU BESOIN D'EMBRASSER LEUR MAILLOT DEVANT LES CAMÉRAS

Alessandro Del Piero (Juventus de Turin)
Francis Isnard (OGC Nice)
Giuseppe Bergomi (Inter Milan)
Jean-Luc Ettori (Monaco)
Pat Bonner (Celtic Glasgow)
Migueli (Barcelone)
Antoni Ramallets (Barcelone)
Carles Rexach (Barcelone)
José Macia (Santos FC)
Andrés Iniesta (Barcelone)
Jamie Carragher (Liverpool)
Sadok Sassi (Club africain)
Tony Adams (Arsenal)
Franco Baresi (Milan AC)
Paolo Maldini (Milan AC)
Jean-Paul Bertrand-Demanes (Nantes)
Giampiero Boniperti (Juventus de Turin)
Jacky Charlton (Leeds United)
Bobby Charlton (Manchester United)
Maximilian Morlock (Nuremberg)
Antonio Rattín (Boca Juniors)
Paul van Himst (Anderlecht)
Walter Zeman (Rapid Vienne)
José Santamaría (Real Madrid)
Bobby Moore (West Ham United)
Mário Coluna (Benfica)
Alessandro Mazzola (Inter Milan)
Robert Herbin (Saint-Étienne)
Giovanni Trapattoni (Milan AC)
Eusébio (Benfica)
Jérémie Janot (Saint-Étienne)
Loïc Perrin (Saint-Étienne)
Daniele De Rossi (AS Roma)
Nicolas Seube (Caen)...

ALFREDO DI STEFANO

Le chef d'orchestre du Real Madrid

★

Mort au poste de président d'honneur du Real Madrid, Alfredo Di Stefano a rendu mondialement célèbre son club, par sa classe et son autorité qui ont fait sa renommée, qui le situe parmi les plus grands joueurs de l'histoire en compagnie de Pelé, Maradona, Puskás et Cruyff.

Le surnom « Saeta rubia » (Flèche blonde) a un côté chef indien qui va bien à Alfredo Di Stefano (1926-2014) tant il fut le chef d'orchestre du Real Madrid qu'il a porté sur ses épaules jusqu'à 38 ans, avec la mentalité d'un artisan qui ne voulait pas épater la galerie. Sa présence sur les joueurs était plus importante que les directives de l'entraîneur. Le natif de Buenos Aires a été la pièce maîtresse, le dépositaire de la marque Real Madrid. Il a passé plus d'une décennie au sommet de son art à la tête de proue du Real Madrid, véritable îlot paradisiaque dans l'Espagne franquiste. Dans les coulisses, le président Santiago Bernabéu – dont l'autorité s'exerça entre 1943 et 1978 – veillait au bon fonctionnement du club, toujours animé par l'ambition de réunir les meilleurs joueurs.
Leader technique et de vestiaire, Alfredo Di Stefano n'aimait pas les joueurs vedettes – la lumière, il se la réservait… – qui dribblaient pour s'extirper d'une situation périlleuse alors qu'ils auraient pu éviter cette difficulté par une passe au préalable. Trop en concurrence avec Raymond Kopa, qui axait son jeu sur les dribbles pour semer la panique chez les adversaires, Di Stefano fit en sorte que le Français s'en aille au bout de trois saisons. En revanche, il accepta de partager pendant huit ans le premier rôle avec Ferenc Puskás dont il appréciait la sûreté technique et la puissance de frappe du pied gauche. Et par-dessus tout, le sens du collectif du Magyar soulageait physiquement Di Stefano qui pouvait se dispenser d'un va-et-vient incessant entre son camp et celui d'en face. L'aisance de Puskás améliorait encore plus la lucidité de Di Stefano.
Il émanait de l'Argentin une impression de footballeur Arlequin : Italien par son père, il avait, par sa mère, des racines françaises et irlandaises. En Argentine, on dit que les habitants ont pour descendants des gens « descendus » des bateaux arrivés d'Europe. Son passage en Colombie et sa naturalisation espagnole ont fini par lui donner une personnalité riche de plusieurs influences, un mélange de puissance, de finesse technique et de grinta difficile à trouver réunis dans la palette d'un autre joueur. Convoité à la fois par Barcelone et le Real Madrid, il est allé là où il savait qu'il pourrait le mieux s'exprimer. Quand il part des Millonarios (Colombie) pour signer au Real Madrid, il a déjà 27 ans. Loin d'être une retraite paisible, son arrivée dynamise le club qui éblouit la planète football par un jeu tout le temps porté sur l'attaque avec des séquences d'une rapidité rarement vue.
Après sa domination dans le championnat espagnol, le Real Madrid étend son rayonnement sur toute l'Europe, avec une prodigieuse moisson de Coupe d'Europe des clubs champions, les cinq premières entre 1956 et 1960. Di Stefano empile aussi huit titres de champion d'Espagne, plus la Coupe intercontinentale 1960. L'étincelant meneur de jeu ne touchait le ballon qu'une poignée de minutes par match. Une seconde lui suffisait pour orienter le jeu. Cap vers la victoire. Tout le reste n'est que littérature.

Les as des

SPOTS DE PUB

L'envahissement des footballeurs dans les publicités n'est pas nouveau. Les plus grandes marques se sont vite associées aux champions synonymes d'excellence. En France, Kopa fut un pionnier de la commercialisation de son nom qu'il a décliné jusque dans les réclames pour des cigarettes. Très apprécié par les sponsors et le public, Cantona – devenu comédien – marque un autre temps fort : la scénarisation des spots avec un humour inégalé. Ensuite les annonceurs ont mis en avant le visage de Zidane qui a pris la place des acteurs dans l'imagerie populaire. Depuis Beckham et C. Ronaldo, eux aussi de vrais champions, on voit des footballeurs de plus en plus sollicités par les marques alors qu'ils n'ont rien gagné. La présence médiatique suffit, plus besoin de palmarès.

SUZE, L'APÉRITIF PRÉFÉRÉ DES SPORTIFS
Yvan Beck, FC Sète

QUAND JEAN-PIERRE PAPIN A SOIF, IL A SOIF DE GATORADE
Jean-Pierre Papin, Marseille

DEVENEZ INVINCIBLE (L'ORÉAL)
Éric Cantona, Manchester United

UN COCA-COLA POUR UN SOURIRE
Diego Maradona, Argentine

ANDRADE LE FAMEUX FOOTBALLEUR URUGUAYEN EMPLOIE JOURNELLEMENT LA GOMINA ARGENTINE
José Andrade, Uruguay

HAVE A PEPSI DAY
Pelé, Brésil

GAGNEZ AVEC ZIDANE
(LEADER PRICE)
Zinedine Zidane, Real Madrid

POURQUOI SUIS-JE BIEN PLACÉ POUR VOUS PARLER DES TROUBLES DE L'ÉRECTION ? PARCE QUE TOUT SIMPLEMENT JE SUIS UN HOMME
Pelé, Brésil

RAYMOND KOPA FUME CAMEL
Raymond Kopa, Real Madrid

MOI, JE M'APPELLE CANTONA ! (BIC)
Éric Cantona, Manchester United

VOUS N'AVEZ JAMAIS VU UN RETRAITÉ AVEC DES LUNETTES.
(GRAND OPTICAL)
Zinedine Zidane, Real Madrid

LE FOOTBALL M'A TOUT DONNÉ. LE TABAC A FAILLI TOUT ME REPRENDRE
Johan Cruyff, Ajax Amsterdam

COMME MICHEL PLATINI, BUVEZ FRUITÉ. FRUITÉ, C'EST PLUS MUSCLÉ
Michel Platini, Juventus de Turin

MODERN ESSENTIALS SELECTED BY DAVID BECKAM
David Beckham, Manchester United

TORPÉDO COMME LES SPORTIFS AVEC R. KOPA
Raymond Kopa, Real Madrid

Les CÉLÉBRATIONS DE BUTS les plus psychédéliques

Le corps arbitral n'aime pas les excès des joueurs après les buts, il applique alors le règlement et met un carton jaune à celui qui retire son maillot dans le moment de liesse. Parfois des modes intempestives s'installent comme le message sous le maillot. Les joueurs qui ont une manière bien particulière de fêter leur but sont ensuite imités sur la planète entière.

LE SALTO D'HUGO SÁNCHEZ

Atypique dans le milieu des joueurs professionnels, avec son diplôme de chirurgien-dentiste, l'international mexicain fut un buteur très régulier au Real Madrid où il a marqué plus de 200 buts en moins de 300 matchs entre 1985 et 1992, ce qui lui a permis de remporter cinq championnats. Quand il marquait, il faisait un salto. Le buteur avait l'intelligence pour flambeau : « Je suis un égoïste qui aime donner le ballon à celui qui est mieux placé. Il faut de la liberté dans le dogme et jouer le plus vite possible ». Les jaloux le disaient hautain.

BEBETO BERCE UN BÉBÉ INVISIBLE

Lors du quart de finale de la Coupe du monde 1994, Brésil-Pays-Bas (3-2), après l'ouverture du score par Romario sur service de Bebeto, celui-ci, tout nouveau papa, marque le second but de son équipe et part en courant, tout sourire, bercer un bébé invisible. Partageant son bonheur, ses coéquipiers Mazinho et Romario vinrent rejoindre Bebeto pour bercer tous les trois le bébé. Mattheus Olivieira est devenu footballeur professionnel en débutant sa carrière à Flamengo là où joua aussi son champion du monde de père. Bon sang ne saura mentir.

LUCA TONI FAIT SIGNE QU'IL EST FOU

Toni chez les cinoques ! L'Italien aimait à chaque but marqué engager un sprint où il souriait et ouvrait toute sa main droite pour la faire tourner à hauteur de son visage sur le côté, comme on pointe son index sur la tempe pour dire : « C'est dingue, j'ai encore marqué ! » ou « Faut être fou pour claquer encore un but ! » La certitude, c'est qu'il se désignait lui-même et jamais les autres. Le champion du monde 2006 avait la joie communicative.

DUGARRY TIRE LA LANGUE

Pour le match d'ouverture de la Coupe du monde 1998, le 12 juin, à Marseille, contre l'Afrique du Sud (3-0), la France doit absolument gagner pour bien démarrer. Le sélectionneur Aimé Jacquet avait dit : « Si on ne la gagne pas, je serai obligé de m'expatrier ! » Souvent contesté par le public et encore plus par les médias, Dugarry est fébrile en début de match jusqu'à l'ouverture du score où il bat le gardien adverse de la tête sur un corner de Zidane. Tout un symbole sachant l'amitié entre « Zizou et Duga ». Ivre de joie, Dugarry fit une cavalcade, tirant la langue à ses détracteurs qui se reconnurent. La nique, quoi !

LILIAN THURAM LE DOIGT SUR LA BOUCHE

Alors qu'il n'avait jamais marqué un seul but en équipe de France, Lilian Thuram en inscrit deux en 1998 contre la Croatie (2-1). Un doublé qui ouvre, à l'équipe de France, les portes de la finale. Dans ce match, « Tutu » s'est arraché pour aller chercher la qualification comme Tigana jadis. Quand l'homme du match marque son second but, il s'agenouille et porte son index gauche à hauteur de sa bouche. Dans le vacarme du Stade de France, il semble dire chut ! comme s'il n'en revenait pas : « Qu'ai-je fait ? Vous avez-vu, est-ce possible ? » Le rêve était réalisé : plus qu'un match à jouer. Jamais la France n'était arrivée en finale de Coupe du monde. Un geste entre le penseur de Rodin et Sean Connery dans James Bond, mais sans flingue. À Clairefontaine, il écoutait Miles Davis. La bonne inspiration.

RASHIDI YEKINI HURLE AU FOND DES FILETS

Lors du premier tour de la Coupe du monde 1994, aux États-Unis, le Nigérian ouvre le score contre la Bulgarie (3-0), le 21 juin. Son bonheur est si fort qu'il va au fond de la cage bulgare et serre fort les filets puis passe les deux bras à travers eux comme un prisonnier, qui veut s'évader, appelle au secours. Un arrêt sur image très saisissant qui renvoie à l'esclavage, à Mandela et aussi à une photo dans une prison signée par Henri Cartier-Bresson.

ROGER MILLA DANSE AU POTEAU DE CORNER

En 1990, l'icône camerounaise est en pleine forme lors de la Coupe du monde en Italie. Le Cameroun parvient en quart de finale, battu en prolongations par l'Angleterre (3-2). Le 14 juin 1990, lors de Cameroun-Roumanie (2-1), Roger Milla réalisa un doublé qu'il célèbre au poteau de corner. On le voit danser, balancer du bassin, et tomber à genoux, félicité par ses partenaires. Cette danse provient de la Makossa, danse camerounaise. Le vainqueur de la Coupe de France avec Monaco (1980) et Bastia (1981), comptabilise 104 sélections en équipe nationale.

LES BRAS EN CROIX DE KYLIAN MBAPPÉ

Lors de la saison 2016-2017, la France puis l'Europe et le monde « internetisé » découvrent le talent de Kylian Mbappé qui fait l'unanimité avec ses performances et sa sincère jovialité, qui n'est pas un sourire télécommandé par les sponsors. Le jeune homme de 18 ans, éclatant de santé, respire la joie de vivre. On le voit souvent célébrer ses buts à genoux, les deux bras croisés avec la paume des mains posées sur les pectoraux. Cette posture inédite est un geste envers son jeune frère qui aime faire exactement la même chose quand il gagne à la PlayStation. Mbappé, plus que l'avenir, c'est la certitude du présent.

KYLIAN MBAPPÉ
LUCA TONI
RASHIDI YEKINI
BEBETO
LILIAN THURAM
CHRISTOPHE DUGARRY

LUCIDITÉ, *Fraternité,* VIVACITÉ

Les fratries dans le football sont toujours émouvantes. On voit les différences de caractère, les rôles distincts sur le terrain, les forces en présence. Parfois, ils jouent ensemble à des moments précis de leur carrière. Quelquefois, ils se hissent au sommet, tels les frères Walter et Charlton, quatre champions du monde.

SIR BOBBY ET JACKY CHARTON

Sir Bobby et Jacky **CHARLTON** (Champions du Monde, 1966)

Fritz et Ottmar **WALTER** (Champions du Monde, 1954)

Les sept frères **DUBLY** dont les internationaux Jean et Raymond

Brian et Michael **LAUDRUP**

Éric et Joël **CANTONA**

Filippo dit Pippo et Simone **INZAGHI**

Joaquín et Luis **VALLE** (Tous les deux ont joué à Nice)

Patrick et Hervé **REVELLI** (Tous les deux ont joué à Saint-Étienne)

Franck et Ronald **DE BOER**

Fabio et Rafael **PEREIRA DA SILVA** (Jumeaux brésiliens)

André et Jordan **AYEW**

Kolo et Yaya **TOURÉ**

Paul, Florentin et Mathias **POGBA**

SÓCRATES et **RAÍ**

Roger et Basile **BOLI**

Benoit et Bruno **CHEYROU**

Kevin-Prince et Jérôme **BOATENG**

Yvon et Jean-François **DOUIS**

Paul, Pierre et Noël **SINIBALDI**

Stéphane et Pascal **PLANCQUE**

Dieter et Uli **HOENESS**

Gunnar, Bertil et Knut **NORDAHL**

Iginewari et Finidi **GEORGE**

François et André **KANA-BIYIK**

Roger et Raymond **COUARD** (Amis d'Albert Camus)

Jackie et Danny **BLANCHFLOWER**

Bonaventure et Salomon **KALOU**

Max et André **ABEGGLEN**

Rio et Anton **FERDINAND**

Steve, Parfait, Riffi et Over **MANDANDA**, (Tous gardiens)

Phil et Gary **NEVILLE** (Tous les deux ont joué à Manchester United)

Georges et Bernard **LECH** (Tous les deux ont joué à Lens, Sochaux et Reims)

George senior et Harry **EASTHAM** (Tous les deux ont joué à Blackpool, Angleterre)

Ján et Jozef **ČAPKOVIČ** (Jumeaux internationaux tchèques)

Zlatko et Zoran **VUJOVIĆ** (Les jumeaux ont joué à Hajduk Split, Bordeaux, Cannes et l'OGC Nice)

Fabio et Paolo **CANNAVARO** (Tous les deux ont joué à Naples et Parme)

Franco et Giuseppe **BARESI**

LES FRÈRES AYEW

LES FRÈRES CANTONA

LES FRÈRES REVELLI

LES FRÈRES POGBA

LES JUMEAUX VUJOVIC

LES FRÈRES NEVILLE

EUSÉBIO

Monsieur 733 buts en 745 matchs

★

Les débuts de carrière professionnelle sont importants et émouvants. C'est le passage sacré qui fait passer du rêve à la réalité. On découvre alors un talent qui parvient à se hisser au sommet de l'inspiration de son époque. Ce fut le cas d'Eusébio, un homme si gentil qu'il félicitait les gardiens adverses qui arrêtaient ses boulets de canon.

L'éclosion européenne d'Eusébio (1942-2014) intervint en Coupe d'Europe des clubs champions, marquant la fin de la suprématie du Real Madrid qui venait de remporter les cinq premiers trophées européens, entre 1956 et 1960. Le premier club à interrompre l'hégémonie espagnole fut Benfica, vainqueur de Barcelone (3-2) lors de la finale 1961, au cours d'un match que les annales ont retenu, suite à la grande opposition entre les joueurs très soudés de l'entraîneur Béla Guttmann qui s'imposèrent devant l'armada du Barça composée de Luis Suárez, du quatuor László Kubala, Sándor Kocsis et Zoltán Czibor. Arrivé en 1960 dans l'effectif du nouveau champion d'Europe, Eusébio remporte le trophée aux grandes oreilles au sein de Benfica qui conserve son titre. Le 2 mai 1962, dans le stade olympique d'Amsterdam, il participe à la fête de la finale Benfica-Real Madrid (5-3). Le trident Di Stefano, Puskás et Gento a rendu les armes devant l'offensif Benfica plein de fougue, tel Eusébio auteur des deux derniers buts d'un match qui avait vu les Madrilènes mener 0-2 puis 2-3 avant de céder notamment sous les coups de butoir d'Eusébio dit la « Panthère noire du Mozambique », son pays d'origine. La défaite du club phare espagnol contre son rival du pays voisin fut un immense événement.
Joueur véloce, plein d'explosivité dans son assaut final, débordant d'énergie, toujours plein de bonne volonté, capable de contrôler en pleine course le ballon qui rebondit très haut, Eusébio était un régal à voir courir tant il resplendissait de bonheur sur un terrain. Hélas ! il n'est pas parvenu à vaincre lors des trois autres finales européennes qu'il a disputées en 1963, 1965 et 1968, perdant tour à tour contre le Milan AC (1-2), l'Inter Milan (0-1) et Manchester United (1-4). Il est inexact de dire que les premières Coupes d'Europe se sont déroulées sans grande concurrence alors qu'elle était déjà très forte. Ce triple échec ne ternit pas un palmarès de premier plan avec 11 championnats du Portugal gagnés entre 1961 et 1975, plus cinq Coupes. Avec Benfica, il a joué 440 matchs et marqué plus de 470 buts, donc plus de buts que de matchs ! Sous le maillot de la sélection portugaise, il a illuminé la Coupe du monde 1966, finissant troisième derrière l'Angleterre et l'Allemagne.
Ballon d'or 1965, premier lauréat né en Afrique, Eusébio avait dans sa palette un jaillissement qui lui conférait vraiment des allures de diable sortant de sa boîte. Dans son maillot rouge, col rond à liseré blanc, il était d'une grande beauté. Son comportement exemplaire en fit un rival de Pelé sauf que l'artiste portugais était dépourvu de l'équivalent de Garrincha et autres Gérson et Tostão. En fin de carrière, le finisseur fracassant se mua en meneur de jeu. Dans l'histoire du Portugal, Eusébio est parmi les héros identitaires majeurs : dans son domaine, l'égal du poète Fernando Pessoa et de la chanteuse Amália Rodrigues. Avant Cristiano Ronaldo aucun autre Portugais n'était parvenu à jouer dans sa catégorie : celle des premiers rôles.

COUPE DE FRANCE

Les « Petit Poucet »

La Coupe de France, créée en 1917, est appelée Charles Simon en souvenir de ce pionnier du sport mort aux combats le 15 juin 1915. Henri Delaunay (1883-1955) souhaitait que cette compétition perpétue l'esprit de son inspirateur, très attaché aux valeurs éducatives du football. L'esprit de la Coupe de France est miraculeusement conservé grâce à David qui parfois arrive à vaincre Goliath.

OLYMPIQUE DE PANTIN

5 mai 1918

Vainqueur du FC Lyon (3-0), l'Olympique de Pantin, devant 2 000 personnes au stade de la Légion Saint-Michel (Paris, XVe), compte dans ses rangs l'attaquant Jules Dewaquez (1899-1971) qui joua 41 fois en équipe de France. Fondé en 1908, le club ira encore deux fois en finale, sans succès (1919 et 1921). En 1926, il fusionne avec le Red Star.

CERCLE ATHLÉTIQUE PARIS

9 mai 1920

Au stade Bergeyre (Paris, XIXe) où s'entassent 7 000 personnes, le Cercle bat Le Havre (2-1) donné pourtant favori. Cependant, le club réputé plus modeste aligne une pléiade d'internationaux : le capitaine Henri Bard, auteur des deux buts, Marcel Vanco, Maurice Bigué et Louis Mesnier, ainsi que les Suisses Ivan Dreyfus et Robert Pache.

UNION SPORTIVE DE QUEVILLY

8 mai 1927

Le club de Seine-Maritime fondé en 1902 affronte l'Olympique de Marseille à Colombes, devant plus de 23 000 spectateurs. Les Marseillais s'imposent 3-0 et confirment leurs talents avec trois Coupes conquises en quatre ans. L'un des buteurs du jour est Jules Dewaquez qui sur cinq finales disputées en gagna trois. Quevilly sera une nouvelle fois finaliste en 2012, et demi-finaliste lors des éditions 1968 – avec sa pépite Daniel Horlaville – et 2010.

CLUB FRANÇAIS MONTROUGE

3 mai 1931

Fondé en 1892, à Paris, le Club Français évolue alors au stade Buffalo (Montrouge). Large vainqueur de l'OGC Nice (6-1) en demi-finale, ses joueurs euphoriques ne s'en laissent pas compter par Montpellier qu'ils battent 3-0 à Colombes garni de 30 000 personnes. Le football devenait de plus en plus populaire au point que le président de la République Gaston Doumergue décida de saluer tous les joueurs sur la pelouse avant le coup d'envoi de la finale. Rituel instauré à partir de 1927.

FOOTBALL CLUB OLYMPIQUE CHARLEVILLE

3 mai 1936

Exploit sans précédent et jamais renouvelé, la ville de Rimbaud est parvenue en finale, devant près de 40 000 spectateurs impatients de voir les vedettes du Racing club de Paris, sous la houlette de George Kimpton, le propagateur du W-M., batailler contre les joueurs de D2 dont le gardien Julien Darui et le défenseur central, Helenio Herrera, un apôtre du catenaccio (verrou) qui transforma le Calcio. Les Ardennais n'abdiquèrent que 1-0. Ce match avait un parterre d'internationaux historiques (Hiden, Diagne, Jordan, Delfour, Veinante…), plus deux hommes phares du coaching.

UNION ATHLÉTIQUE SEDAN-TORCY

27 mai 1956

C'est sous l'impulsion de Louis Dugauguez que Sedan gravit tous les échelons pour passer du monde amateur à la D1. Un grand connaisseur du jeu et un non moins grand meneur d'hommes. Ses joueurs viennent s'entraîner après une journée de travail. Sedan remporte la finale 1956 contre Troyes, 3-1. En 1961, bis repetita mais contre Nîmes, battu sur le même score. Dans l'équipe ardennaise, vainqueur des Crocodiles, il y a le défenseur camerounais Zacharie Noah (1937-2017), le papa du petit Yannick qui a tout juste un an. Les Sangliers parviendront encore trois fois en finale (1965, 1999 et 2005). Sans rafler le trophée.

LE HAVRE ATLETIC CLUB

3 mai, puis 18 mai 1959

Surprise de l'édition 1959, les Havrais, joueurs de D2, ont su bien négocier les matchs avec de bons tirages jusqu'à tenir la dragée haute à Nîmes (D1) vaincu 1-0 en demi-finale, à Colombes. Dans le même stade, garni par plus de 50 000 spectateurs, Le Havre et Sochaux ne parviennent pas à se départager : 2-2 après prolongations. Il faut rejouer la finale 15 jours plus tard, sans la présence du général de Gaulle, le président de la République, qui ne revint pas dans le stade Yves-du-Manoir. Pour le remake, les Havrais ne firent pas de détail et s'imposèrent 3-0. Jamais une équipe de D2 n'avait alors remporté le trophée. Il faudra attendre la victoire de l'En Avant de Guingamp, le 9 mai 2009, contre Rennes (2-1) pour revoir contester la hiérarchie.

SPORTING CLUB UNION D'EL-BIAR

2 février 1959

Il n'est pas nécessaire d'atteindre la finale pour se faire remarquer. En pleine guerre d'Algérie, une équipe de quartier d'Alger bat, sur son terrain, Aix-en-Provence, en 32ᵉ de finale, mais il faut rejouer pour les départager : 1-1 puis 2-0 à l'avantage des locaux. Le match des 16ᵉ qui se joue à Toulouse fait sensation parce que les amateurs du niveau de D4 éliminent 2-0 les Rémois d'Albert Batteux où évoluaient Robert Jonquet et Armand Penverne, Léon Glovacki, Michel Hidalgo et Jean Vincent. Les buts d'El-Biar sont signés par Guy Buffard et Roland Almodovar. En huitième, les nouveaux héros se feront corrigés par Lille, 4-0. Néanmoins ce qui est fait n'est plus à faire et El-Biar a écrit une grande page du livre de la Coupe de France.

CALAIS RACING UNION FOOTBALL CLUB

7 mai 2000

L'heure de gloire arrive à Calais avec le XXᵉ siècle qui se referme. L'équipe de CFA avale tous les obstacles pour se faufiler en finale devant l'ogre nantais. L'équipe de D4 ne fait pas de complexe en face de celle de D1 car en demi-finale les joueurs de Calais – qui n'ont rien de Bourgeois – ont éliminé, à Lens, Bordeaux et son armada (3-1) de professionnels dont Christophe Dugarry, le champion du monde 1998 surnommé « Du Gâchis ». En finale, Calais ne rend les armes qu'au bout du temps réglementaire (90ᵉ) et en plus sur un penalty qui fera office de guillotine. Verdict 2-1 pour les Canaris qui conservent le trophée conquis l'année d'avant. Pour toute la France, enfin presque, les perdants sont des gagnants.

CHAMBÉRY SAVOIE FOOTBALL

2 février 2011

Le club de Savoie a réussi le tour de force d'éliminer trois équipes de L1 : Monaco aux tirs au but (1-1 a.p., 3-2 tab) en 16ᵉ de finale, Brest aux tirs au but (1-1 a.p., 4-3 tab) en huitième de finale et Sochaux, le 2 février, en quart de finale (2-1). Impressionnant tableau de chasse pour un club de CFA 2, niveau D5. Les joueurs amateurs entraînés par David Guion voient le rêve s'arrêter un mois plus tard, faute au réalisme d'Angers (L2) qui gagne 3-0 au stade des Alpes de Grenoble. La Coupe de France prouve que le prestige ne s'achète pas. Pour qu'une épreuve séduise, il faut qu'elle possède le poids de l'histoire. Sinon, les matchs ne sont qu'une kermesse commerciale.

Les As des records

Tous les records sont faits pour être battus mais certains paraissent inaccessibles à égaler, d'où le respect qu'il faut nourrir envers ceux qui les ont obtenus. Qui sera capable de faire mieux que les 13 buts marqués par Fontaine en Coupe du monde 1958 ? Quel joueur sera encore professionnel à 50 ans comme Stanley Matthew dans les années 1960 ?

FRANCISCO GENTO
(Real Madrid).
Six Coupes d'Europe des clubs champions et douze championnats d'Espagne.

MARCEAU SOMERLINCK (Lille), **DOMINIQUE BATHENAY** (Saint-Étienne, 3 et PSG, 2) et **ALAIN ROCHE** (Bordeaux, 2 et PSG, 3) ont tous gagné cinq Coupes de France chacun.

ANDRÉ CHEUVA (Lille) et **GUY ROUX** (Auxerre). Ces entraîneurs ont gagné quatre Coupes de France chacun.

DELIO ONNIS
299 buts en L1 (Stade de Reims 39, Monaco 157, Tours 64, Toulon 39).

MICKAËL LANDREAU
618 matchs disputés en L1 (Nantes 335, PSG 114, Lille 119 et Bastia 50).

STANLEY MATTHEWS
Professionnel jusqu'à plus de 50 ans (Stoke City et Blackpool).

JUST FONTAINE
Meilleur buteur de la Coupe du monde (1958) avec 13 buts.

MIROSLAV KLOSE
Meilleur buteur de la National Mannschaft (71 buts, 2001-2014) et de la Coupe du monde de football avec 16 buts (5 en 2002, 5 en 2006, 4 en 2010, 2 en 2014).

MÁRIO ZAGALLO
Le Brésilien a remporté quatre Coupes du monde comme joueur (1958, 1962), sélectionneur (1970), entraîneur-adjoint (1994) et fut de surcroît finaliste en (1998).

SIR ALEX FERGUSON
L'entraîneur le plus titré au monde : 49 sacres (Saint Mirren 1, Aberdeen 10, Manchester United 38).

RYAN GIGGS
(Pays de Galles)
35 titres à Manchester United (2 Champions League, 13 championnats d'Angleterre, 4 FA Cup, 4 Coupes de la Ligue, 9 Community Shield, 1 Supercoupe UEFA, 1 Coupe intercontinental, 1 Coupe du monde des clubs).

PELÉ
(Brésil)
Trois Coupes du Monde. Il est le plus jeune buteur, à 17 ans et 249 jours, en 1958, et **ROGER MILLA** le plus âgé, à 42 ans 31 jours, en 1994.

CLARENCE SEEDORF
(Pays-Bas)
A remporté quatre Champions League avec trois clubs différents : Ajax Amsterdam (1995), Real Madrid (1998) et Milan AC (2003, 2007).

VITTORIO POZZO
(Italie, 1886-1968).
Il est le seul sélectionneur à avoir remporté la Coupe du monde deux fois de suite : 1934 et 1938 (plus les J.O 1936).

FERENC PUSKÁS
(Hongrie).
4 buts lors de la finale de la Coupe d'Europe des clubs champions 1960, Real Madrid 7-3 Eintracht Francfort.

LILIAN THURAM
Joueur le plus capé en équipe de France masculine : 142 sélections entre 1994 et 2008.

JOSIP SKOBLAR
(Yougoslavie)
Meilleur buteur sur une saison dans le championnat français : 44 buts en 36 matchs lors de la saison 1970-1971, sous le maillot de Marseille.

CRISTIANO RONALDO
(Portugal)
Premier joueur a passé le cap des 100 buts en Champions League : Manchester United (16), Real Madrid (90), en 144 matchs. (Série en cours.)

LONDRES. Ville qui compte le plus grand nombre de clubs, de la D1 à la D4 : Chelsea, Arsenal, Tottenham, West Ham, Fulham, Crystal Palace, Queens Park Rangers, Watford, Charlton, Brentford, Wimbledon, Leyton Orient, Millwall, Barnet, Dagenham & Redbridge Football Club, Wanderers, Clapham Rovers, Welling United...

GIGGS
THURAM
MATTHEWS
KLOSE
ROCHE
FONTAINE
BATHENAY
ONNIS
SEEDORF
LANDREAU
SKOBLAR
RONALDO

LES STADES

où l'on n'écrit plus l'histoire

De nombreux stades mythiques ont disparu pour être remplacés par des enceintes ultra modernes dépourvues de l'âme des vieilles pierres qui avaient tant vu d'exploits. Certains se sont rajeunis sur place ; d'autres ne sont plus qu'un souvenir sur des photos.

LE MARACANÃ DE RIO ET SES 220 000 PLACES

STADE DE WEMBLEY, LONDRES

Édifié entre 1922 et 1923, le British Empire Exposition Stadium fut un temple du football avec ses deux tours jumelles blanches – les Twin Towers – qui symbolisaient le colonialisme. Le premier grand événement fut la finale de la Coupe d'Angleterre 1923 : Bolton Wanderers-West Ham United : 2-0. Les organisateurs furent heureux d'avoir vendu les 127 000 places mais l'attente de cette 49e finale de la FA CUP était si intense que 300 000 personnes se bousculèrent dans Wembley. Les portails ont tous été ouverts pour laisser passer le public en liesse sous un beau soleil malgré l'anarchie totale puisque plus de la moitié des gens n'avait pas payé leur place. Par miracle, la catastrophe a été évitée. On ne déplora qu'une poignée de blessés. Après l'arrivée du roi George V, tout le stade se mit à chanter à l'unisson un God Save the Queen à faire trembler les fondations du stade. Pour écarter la foule trop présente sur la pelouse, la police montée intervint afin de mettre un semblant d'ordre. La légende dit que l'officier George Scorey et son cheval se sont distingués avec une belle autorité pour contenir les fans derrière les lignes blanches du terrain. Après ce match, des tourniquets furent installés pour contrôler les entrées. Wembley a connu d'innombrables grands moments de sport dont les JO de 1948, les premiers de l'après-guerre, et le cinglant revers anglais battus 3-6 par la Hongrie conduite par le « Onze d'Or » sous la houlette de Ferenc Puskás, le 25 novembre 1953. Wembley fut aussi l'écrin de la Coupe du monde 1966, l'unique conquise par l'Angleterre au cours d'une finale qui vit Geoffrey Hurst réaliser un triplé avec ce fameux but de la 101e minute : sa frappe toucha la barre transversale, rebondit sur la ligne, puis fut dégagée par un défenseur allemand. Cette finale entre l'Angleterre et l'Allemagne (4-2 après prolongations) a fait couler un torrent d'encre au sujet de ce « but invisible » qui fit basculer le trophée en faveur du pays hôte. Deux ans plus tard, le 29 mai 1968, sir Bobby Charlton y souleva la Coupe d'Europe des clubs champions remportée pour la première fois par Manchester United contre Benfica (4-1), après des prolongations où s'illustra George Best. L'un des derniers temps forts de Wembley fut le triplé d'Éric Cantona lors de la conquête du Charity Shield 1992 par Leeds face à Liverpool (4-3).

Critiqué pour sa vétusté, Wembley a été fermé en 2000 avant d'être démoli en 2003. Les travaux du nouveau stade commencèrent aussitôt à la même place que l'ancien. L'inauguration du New Wembley eut lieu le 17 mars 2007. Les tribunes actuelles proposent 90 000 places assises. Dans cette enceinte qui ressemble à un vaisseau spatial, Didier Drogba a gravi les 107 marches pour aller chercher la Coupe d'Angleterre 2007 dans la loge royale au terme de Chelsea-Manchester United (1-0). Drogba fut l'unique buteur de la 126e FA Cup à assurer le lien entre le peuple, la monarchie et le football.

STADE YVES-DU-MANOIR, COLOMBES

La banlieue nord-ouest de Paris était déjà un terrain de jeu quand il a été décidé d'ériger une enceinte digne de ce nom pour y accueillir les JO de 1924 et les exploits du coureur de fond Paavo Nurmi. À l'origine doté de 45 000 places, le stade passe à 60 000 pour contenter le plus de monde à l'époque sans télévision. La Coupe du monde 1938 s'y déroule notamment avec la finale Italie-Hongrie (4-2). Théâtre des exploits du Racing Club de Paris, le stade de Colombes était un haut lieu du football puisque y étaient organisés les finales de la Coupe de France et les matchs de l'équipe de France. Son déclin fut précipité par la sortie de terre du nouveau Parc des Princes, en 1972. Aujourd'hui, le mythique stade n'est plus qu'une bâtisse fantomatique, sorte d'Atlantide pour nostalgiques.

LES AUTRES EX BONNES ADRESSES DU PASSÉ

Stade Pershing (Bois de Vincennes, Paris), stade Bergeyre (Paris, XIXe), stade de la Légion Saint-Michel (Paris, XVe), stade du Ray (OGC Nice), stade Grimonprez-Jooris (Lille), stade de Gerland (Lyon), parc Lescure (Girondins de Bordeaux), stade Marcel-Saupin (FC Nantes), stade de l'Huveaune (Marseille), stade Jean-Lluis (Ajaccio), stade Auguste-Delaune (Reims), le vieux stade Louis-II (Monaco), stade White Hart Lane (Tottenham), stade Highbury (Arsenal), l'ancien stade Maracanã (Rio de Janeiro)...

GARRINCHA

L'inventeur du football samba

★

Les faux artistes qui se croyaient supérieurs ne sont même plus un souvenir alors que l'empreinte de Garrincha dans le football est toujours vivace. Ses dribbles sont dans la mémoire de ceux qui ne l'ont pourtant jamais vu jouer. Le plus grand ailier droit de l'histoire était aussi un homme terriblement attachant.

Très vif, enchaînant les dribbles courts, le corps chaloupé, Garrincha (1933-1983) faisait toujours la même feinte, et deux fois sur trois, il passait son adversaire. Collé à la ligne de touche, il décochait un déhanchement vers l'intérieur du terrain, marquait un léger temps d'arrêt, pour partir d'un côté puis d'un extérieur du pied, détalait à l'opposé ou du même côté, histoire de méduser son « chien de garde » qui se retrouvait souvent au sol, pantin désarticulé, à la plus grande joie du public carioca qui applaudissait « la Joie du peuple » pour le remercier d'aller marquer ou centrer. Son jeu contenait une part de fantaisie que les pisse-froid appellent provocation. En plein match officiel, on l'a vu enclencher une série de crochets pour se retrouver seul devant la cage vide et attendre qu'un défenseur revienne sur lui pour l'effacer et marquer. Garrincha était un showman du football samba. Le magicien des stades ensorcelait les foules quand il mystifiait les adversaires.

Fils d'une mulâtresse et d'un Indien de la Serra da Barriga, Manuel Francisco dos Santos, dit « Mané » (simple d'esprit) est un enfant livré à lui-même, semi-analphabète, vivant à l'état sauvage, aimant la pêche à la ligne. Le gamin s'invente un univers qui lui permet de pratiquer au quotidien la débrouillardise, qui devient de l'improvisation lorsqu'il joue au ballon sur des terrains plein de bosses et de trous. Les mauvaises conditions de jeu ne dérangent pas le jeune homme qui souffre de plusieurs malformations congénitales, suite à des breuvages bizarroïdes bus par sa mère. Garrincha a la colonne vertébrale déformée, et des jambes arquées et la gauche fait six centimètres de moins que la droite. Tous ces handicaps participent à la construction d'un joueur qui devient une attraction dans un monde qui s'uniformise.

L'imperfection anatomique de Garrincha – sa jambe tordue vers l'extérieur et la droite déformée vers l'extérieur – effraye les dirigeants de Flamengo et de Fluminense qui récusent le footballeur atypique. En 1953, Botafogo ne fait pas cette erreur et lui offre un contrat qui courra jusqu'en 1965. Garrincha y joue près de 600 matchs au cours desquels il marque plus de 230 buts. Double champion du monde (1958 et 1962), le cœur pur vit un atroce chant du cygne quand ses dirigeants le font carburer à la cortisone et à la cachaça. Garrinha mène une vie dissolue, l'instinct contre la raison. En 1966, il dispute son troisième mondial et son ultime match en sélection : Brésil-Hongrie (1-3), le seul échec qu'il ait connu avec le maillot brésilien. Le Brésil est finalement éliminé en poule après une nouvelle défaite lors de son troisième match. Joueur adulé par les Brésiliens, Garrincha n'a jamais voulu se vendre comme une marchandise. La veille de la mort du champion, Nílton Santos, son ami international, a recueilli ses derniers mots : « Où est la camionnette pour aller jouer ? Viens, on va sur le terrain, viens, on va gagner ! » Du Garrincha craché.

LES SURNOMS QUI ONT TAPÉ *dans le mille*

On croit qu'il s'agit de gadgets journalistiques mais les surnoms de joueurs synthétisent leur personnalité de manière fulgurante. Mieux ils définissent le caractère ou la manière de jouer plus on les retient. Les surnoms des footballeurs ne sont bien sûr jamais créés par les principaux intéressés qui parfois aimeraient bien en changer.

ALFREDO DI STEFANO
(La Flèche blonde)

ANTOINE CUISSARD
(Tatave)

MARADONA
(Le Gamin en or)

MESSI
(La Puce)

NEMANJA VIDIC
(Terminator)

ROGER MARCHE
(Le Sanglier des Ardennes)

DOMINIQUE ROCHETEAU
(L'Ange vert)

GÉRSON
(Le Perroquet)

DANIEL LECLERCQ
(Le Druide)

RAYMOND KOPA
(Napoléon)

SOCRATES
(Le Docteur)

BECKENBAUER
(Le Kaiser)

FRED ASTON
(Le Feu follet)

LOUIS FLOCH
(La Flèche)

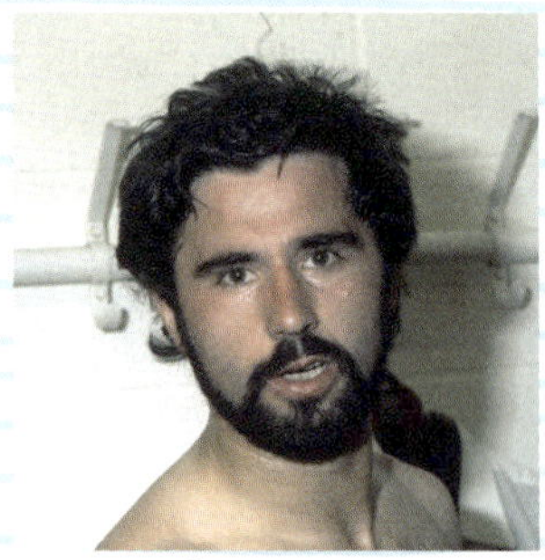

GERD MÜLLER
(Le Bombardier)

CRIS
(Le Policier)

KEES RIJVERS
(La Mobylette)

LEV YACHINE
(L'Araignée noire)

RENÉ VIGNAL
(Le Français volant)

RAYMOND DOMENECH
(Le Boucher)

DAVID GINOLA
(Le Magnifique)

LAURENT BLANC
(Le Président)

BRUNO BELLONE
(Lucky Luke)

ANDRÉS ESCOBAR
(Le Gentleman)

JOSÉ NASAZZI
(Le Terrible)

JOSEP SAMITIER
(Le Magicien)

FERENC PUSKAS
(Le Major galopant)

ÉRIC CANTONA
(The King)

OMAR SÍVORI
(Le Têtu)

JOHN CHARLES
(Le Bon Géant)

GENNARO GATTUSO
(Le Rugissement)

CLAUDIO CANIGGIA
(L'Oiseau)

GABRIEL BATISTUTA
(Batigol)

MARCELO BIELSA
(Le Fou)

DIEGO SIMEONE
(Le Bandit)

MARIO KEMPES
(Le Matador)

ELKJAER LARSEN
(Le Bison)

CARLOS BUSQUETS
(Le Chasse-neige)

JEAN TIGANA
(Don Quichotte)

PATRICK VIEIRA
(La Pieuvre)

RONALDO
(Le Phénomène)

YOURI DJORKAEFF
(Le Serpent)

LEÔNIDAS DA SILVA
(Le Diamant noir)

ROBERT HERBIN
(Le Sphinx)

PAUL SINIBALDI
(Le Corse bondissant)

JOHAN CRUYFF
(Le Sauveur)

GARRINCHA
(La Joie du peuple)

RIVELINO
(La Patate atomique)

PELÉ
(Le Roi)

ROMARIO
(Le Petit)

GEORGE BEST
(Le 5e Beatles)

LILIAM THURAM
(Le Philosophe)

RUDI VÖLLER
(Le Renard des surfaces)

XAVI
(Le Professeur)

DAVID TREZEGUET
(Trezegol)

ÉRIC GERETS
(Le Lion de Rekem)

CARLES PUYOL
(Le Tarzan de la population)

IVÁN ZAMORANO
(L'Hélicoptère)

LUIS SUAREZ
(Le Tireur)

EDINSON CAVANI
(Le Matador)

MARCO VERRATTI
(Le Petit Hibou)

JOSIP SKOBLAR
(L'Ange dalmate)

PEDRO PAULETA
(L'Aigle des Açores)

EMILIO BUTRAGUEÑO
(Le Vautour)

RAÚL
(L'Ange de Madrid)

ANDRÉS INIESTA
(Le Cerveau)

CRISTIANO RONALDO
(CR7, la Machine)

ZICO
(Le Pelé blanc)

LA GALAXIE des Gauchers

Au football, il n'y a pas de droite ou de gauche comme en politique. Il y a seulement des droitiers et des gauchers. La liste est une constellation d'étoiles ou plutôt de joueurs cinq étoiles. Leur façon de jouer désarçonne souvent les droitiers car les gauchers vont souvent là où ne les attend pas et font des gestes qui surprennent toujours les droitiers.

CARLES REXACH
FC Barcelone

Formé au Barça, l'ailier y fut professionnel une quinzaine d'années. Il y gagna le championnat d'Espagne 1974 avec Johan Cruyff. Quand le Néerlandais part jouer aux États-Unis, Rexach remporte la Coupe d'Europe des vainqueurs de coupe 1979. Très lié à Cruyff, il devient son assistant quand le triple Ballon d'or est l'entraîneur du Barça, entre 1988 et 1996.

JOSÉ MACIA DIT "PEPE"
Santos FC

Joueur de Santos dans les années 1950-1960, il participe à la moisson des titres de l'ère Pelé, une authentique razzia dans l'État de São Paulo. Sa frappe était si puissante qu'on l'assimilait à un coup de canon. « Je suis le meilleur attaquant de Santos. Pelé ? Lui il vient de Saturne ! », disait-il.

FERENC PUSKÁS
Budapest Honvéd Football Club

Avant de jouer au Real Madrid, le « Major » galopant du Onze d'or – l'équipe nationale de Hongrie alors à son zénith – évoluait dans le club militaire de Budapest avec les meilleurs joueurs du pays que l'on gratifiait d'un grade pour les remercier d'être des publicités vivantes du communisme. Après l'insurrection de Budapest en 1956, Puskás s'exila en Espagne.

THÉO
AS Monaco

De son vrai nom Théodore Szkudlapski (1935-2006), le fils de mineur polonais était la plaque tournante de l'AS Monaco des années 1960. Champion de France 1961, avec en plus le doublé Coupe et Championnat 1963, le cerveau de l'équipe formait un quatuor légendaire avec Yvon Douis, Michel Hidalgo et Henri Biancheri.

FRANCISCO GENTO
Real Madrid

Madrilène de 1953 à 1971, le gaucher a écrit l'histoire du Real autant que Di Stefano, Puskás et Kopa, voire plus car il a porté plus longtemps les couleurs de la Maison Blanche que ses prestigieux partenaires. Porté mais surtout défendu et honoré pendant les six Coupes d'Europe des clubs champions qu'il a gagnées.

ZOLTÁN CZIBOR
FC Barcelone

Avec Ferenc Puskás et Nándor Hidegkuti, Zoltán Czibor (1929-1997) était une pièce maîtresse du Onze d'or magyar qui domina toute son époque. Dans le club catalan, le Hongrois retrouva ses compatriotes László Kubala et Sándor Kocsis.

ROGER PIANTONI
FC Nancy

Futur cadre de Reims avant d'être le leader de Nice, Roger Piantoni a été, dès les cadets, l'âme de Nancy avant Platini qu'il contribua à faire connaître au plan national. Passeur et finisseur, il est meilleur buteur de la Première division dès sa première saison chez les professionnels en 1950-1951 où il marque 28 buts, à 19 ans. Dix ans plus tard, il réussira le même exploit sous le maillot de Reims. Joueur capital de la génération Kopa il aurait pu jouer dans n'importe quelle équipe au monde, fût-ce la plus grande.

OMAR SIVORI
Juventus de Turin

Le Ballon d'or 1961, d'origine italienne comme beaucoup d'Argentins, a été formé à River Plate. Devenu une des têtes pensantes de la Juventus de Turin, Omar Sivori (1935-2005), bas baissé le plus souvent, participe au premier plan à la conquête de trois championnats d'Italie (1958, 1960 et 1961). « La Juve ne se rend jamais », disait-il. Le gaucher non plus. Sauf le 17 février 2005.

BOBBY CHARLTON

Manchester United

Footballeur mythique, l'aiguilleur de Manchester United, Ballon d'or 1966, accumule les performances. Il a contribué, aux premières loges, à offrir à l'Angleterre son unique Coupe du monde (1966) et à Manchester United, sa première Coupe d'Europe des clubs champions (1968). Le très attachant Red Devil est l'un des rescapés de la catastrophe aérienne de 1958 qui a coûté la vie à la première génération des Busby Babes. Sir Charlton a été nommé ambassadeur à vie de Manchester United.

LUIS SUÁREZ MIRAMONTES

Inter Milan

Le Ballon d'or 1960 s'est fait connaître à Barcelone dont il éclaira le jeu pendant les années 1950 au point de rester aux yeux de l'histoire comme l'un des plus grands milieux de terrain du Barça. Parti à l'Inter Milan il y règne aussi en maître, œuvrant à la place de l'architecte lors des deux premiers succès de l'Inter en C1 (1964 et 1965), d'où son prestige jamais évanoui.

ROBERTO RIVELINO

Brésil

Joueur aux Corinthians Paulista, dans les années 1960-1970, le ciseleur de passes en or est devenu un monument du football lors de la Coupe du monde 1970 où il fut à la hauteur de la classe de Pelé. Adorant feinter ses adversaires grâce à sa technique irréprochable, le champion était en plus un terrifiant tireur de coups francs.

DIDIER SIX

équipe de France

Mal aimé parce qu'il échoua dans son tir au but contre la RFA en demi-finale de la Coupe du monde 1982, le gaucher n'a pourtant pas provoqué directement l'élimination puisqu'ensuite Maxime Bossis rata sa tentative. Après 52 sélections et 13 buts, Six renonce aux Bleus après la finale victorieuse de l'Euro 1984 à laquelle il n'a pas participé. Son dernier match international fut la demi-finale France-Portugal (3-1) où il céda sa place à Bruno Bellone dans les prolongations quand la France était menée (1-2). Pionnier des transferts à répétitions, Six rebondit de Valenciennes à Strasbourg en passant par Marseille pour parvenir brièvement à Aston Villa puis à Galatasaray avant de finir à Leipzig. Il reste dans l'histoire comme un sociétaire attitré des Bleus version Michel Hidalgo.

GIANNI RIVERA

Milan AC

Porteur du maillot du Milan AC pendant deux décennies, le Ballon d'or 1969, couvert de trophées, a remporté deux Coupes d'Europe des clubs champions (1963 et 1969). Le milieu offensif était l'un des pistons essentiels des Milanais qui n'avaient auparavant jamais gagné la C1. Il semblait jouer sans forcer parce que son aisance donnait une impression de facilité.

DIEGO MARADONA

Naples

L'Argentin fascine mais exaspère en même temps. Il faut cependant reconnaître qu'il a gagné la Coupe du monde 1986 quasiment à lui tout seul, qualifiant l'Argentine en quart et en demi grâce à deux doublés. Lors de la finale remportée contre la RFA (3-2), il est le chef d'orchestre sans lequel son équipe jouerait faux. À Naples, il donne tout ce qu'il a dans le ventre pour remporter les championnats d'Italie 1987 et 1990 avec la complicité des Brésiliens Alemão et Careca. Les Napolitains n'ont plus jamais été sacrés champions d'Italie depuis le départ du champion du monde 1986 qui a déposé aussi dans la vitrine du club, la Coupe UEFA 1989, le seul trophée européen de Napoli.

OLEG BLOKHINE

Dynamo Kiev

Sorte de TGV humain, le Ballon d'or 1975 était le genre de joueur dont on dit que là où il est passé l'herbe ne repousse plus. Dans les années 1960 et 1970, il a joué près de 600 matchs avec le club de sa vie. L'Ukrainien, homme de base de l'entraîneur Valeri Lobanovski, réussit à regagner la Coupe d'Europe des vainqueurs de coupe 1986 alors qu'il avait déjà gagné celle de 1975. Les déboulées de l'ailier gauche était spectaculaires mais surtout efficaces.

GHEORGHE HAGI

Steaua Bucarest

Le « Maradona des Carpates » avait un toucher de balle sud-américain, une vraie fabrique de caviar. Multi-champion de Roumanie, il est parvenu à conduire son club en finale de la Coupe d'Europe des clubs champions 1989 qu'il perd 4-0 contre le Milan AC. Le talent du ténor du Steaua Bucarest, convoité par les plus grands clubs, a la particularité de s'être exprimé au Real Madrid puis à Barcelone. Avec la Roumanie, il joua 125 matchs (35 buts) participant à trois Coupes du monde et à autant d'Euros.

RIVALDO

Barcelone

À part le Barça où il est resté cinq ans, Rivaldo a ricoché de clubs en clubs – 16 hors des Catalans – tels tous les mercenaires du ballon rond. Champion du monde 2002, il a été Ballon d'or 1999 quand il jouait à Barcelone. Ballon d'or pour un titre de champion d'Espagne 1999. Une fleur a été faite à Rivaldo qui pouvait marquer des buts de grande inspiration dans le dernier geste.

RYAN GIGGS

Manchester United

Jeune, il a été très bien préparé par Sir Alex Ferguson qui a tout de suite vu le potentiel du Gallois, bon technicien servi par une vitesse de sprinter. Il fut un VRP de la méthode Ferguson : jouer toujours pour marquer, avoir le sens du panache, faire des gestes spectaculaires mais pas pour épater la galerie, penser au collectif, être un gagneur. À Manchester United, il a gagné tout ce qui était possible et imaginable. Recordman des matchs disputés à MU : 963 matchs (163 buts). Lorsque José Mourinho a été nommé entraineur de Manchester United, en 2016, Giggs a plié bagages, trente ans après son arrivée.

HRISTO STOITCHKOV

Barcelone

Sous les ordres de son entraîneur Johan Cruyff, il est l'un des pions essentiels de Barcelone dans la conquête de la Champions League 1992. Le Bulgare avait un mental qui effrayait ses adversaires parce qu'il dégageait l'invincibilité. Le gagneur parvient avec la Bulgarie à barrer la route à la France pour obtenir la participation à la Coupe du monde 1994 aux États-Unis. Les Bulgares se sont imposés au Parc des Princes. Un parfait hold-up dont on parle encore.

GÉRSON

Brésil

Champion du Monde 1970, le milieu de terrain est le plus méconnu des artistes brésiliens. Amoureux du Brésil, il n'a jamais quitté sa terre natale pour exercer le football ailleurs. À Rio de Janeiro, à Flamengo et à Botafogo, il a joué près de 600 matchs et marqué plus de 200 fois. Son but le plus important fut inscrit en finale de la Coupe du monde 1970 quand sa frappe soudaine et lointaine permis aux Brésiliens de prendre l'avantage 2-1 à l'heure de jeu bien entamée. Ce fut le signal de l'abordage définitif pour vaincre 4-1. Même les battus étaient sous le charme.

LES SCORES FLEUVES qui n'ont pas fait pschitt

Certains matchs ont des scores à trois chiffres tellement il y a eu de buts. Au début du siècle, la France faisait journées portes ouvertes quand elle jouait contre l'Angleterre.
En Coupe du monde, on a vu des matchs avec des buts à répétitions, en Coupe d'Europe, des clubs champions le score final ressemble parfois à un set de tennis. Des défenses craquent comme les coutures d'un costume de mauvaise qualité.

1935

FC SOCHAUX-MONTBÉLIARD 12-1 VALENCIENNES

Les Sochaliens n'y allèrent pas avec le dos de la cuillère lors de la première journée du championnat 1935-1936. Créé par le constructeur automobile Peugeot, en 1928, Sochaux-Montbéliard a démarré en trombe les débuts du professionnalisme pour collecter les titres : deux championnats (1935 et 1938) et une Coupe de France (1937).

1942

RC LENS 32-0 AUBY-ASTURIES

Lors de ce 16e de finale de Coupe de France 1942, le franco-polonais Stefan Dembicki (1913-1985) a marqué 16 buts ! Pendant l'Occupation, la compétition est divisée en trois zones. Lens (zone interdite) perd 5-2 lors de la finale inter zone contre Red Star (zone occupée) lors du match à rejouer à Saint-Ouen, suite au 1-1 initial. Le Red Star remporta 2-0 la Coupe contre Sète (zone non occupée).

1954

HONGRIE 8-3 ALLEMAGNE

Buts pour la Hongrie : Kocsis (3e, 21e, 67e, 78e), Puskás (17e), Hidegkuti (50e, 54e), Toth (73e)

Buts pour l'Allemagne : Pfaff (25e), Rahn (77e), Hermann (81e)

Le 20 juin 1954, dans le groupe B du premier tour de la Coupe du monde 1954, les Hongrois cartonnent l'Allemagne de l'Ouest qui se fait ridiculiser par le Onze d'or qui avait déjà étrillé 9-0 la Corée du Sud. Les Hongrois ont marqué 17 buts en deux matchs ! En finale, les Allemands gagnent le titre devant le Onze d'or, 3-2. Une victoire que d'aucuns trouvèrent suspecte. La pluie avantagea les Allemands très bien équipés par la marque aux trois bandes.

1950

URUGUAY 8-0 BOLIVIE

Buts pour l'Uruguay : Schiaffino (17e, 45e, 56e, 59e), Peres (73e), Vidal (22e, 39e), Ghiggia (82e)

À Belo Horizonte, les Uruguayens ne font pas de cadeaux aux Boliviens et l'emportent, le 2 juillet 1950, par un score qui ne fait pas de place à la discussion. Le buteur uruguayen Juan Alberto Schiaffino (1925-2002) a marqué 4 buts. Pas surprenant venant de l'un des meilleurs meneurs de jeu de l'histoire. Champion du Monde 1950 au Maracanã face au Brésil (2-1) dans un match héroïque, il deviendra ensuite un grand joueur du Milan AC. Il aurait mérité le Ballon d'or 1950 mais le trophée ne fut inventé que six ans plus tard.

1960

REAL MADRID 7-3 EINTRACHT FRANCFORT

Buts pour le Real Madrid : Di Stefano (27e, 30e, 75e), Puskás (45e, 56e, 60e, 71e)

Buts pour Eintracht Francfort : Kress (10e), Stein (64e, 72e)

La finale de la Coupe d'Europe des clubs champions 1960, le 18 mai, devant plus de 127 000 personnes à Glasgow, fut l'un des plus grands matchs de l'ère Di Stefano-Puskás. Des matchs comme celui-ci se comptent sur les doigts d'une seule main. Les deux maestros donnèrent un récital chacun. Les deux héros des temps modernes faisaient ce qu'ils voulaient avec le ballon qu'il transformait chacun leur tour en animal domestique qui leur obéissait au pied... et à l'œil !

1962

BENFICA 5-3 REAL MADRID

Buts pour Benfica : Rui Águas (25e), Cavém (34e), Coluna (51e), Eusébio (65e sur pen., 68e)

Buts pour le Real Madrid : Puskás (17e, 23e, 38e)

Au cours de la finale de la Coupe d'Europe 1962, Puskás donna trois fois de suite l'avantage au Real Madrid mais Benfica sortit le grand jeu pour conserver le trophée acquis en 1961 contre Barcelone (3-2). Le 2 mai dans le stade olympique d'Amsterdam, après l'égalisation de Coluna, Eusébio – dit « La Panthère du Mozambique » –, qui découvre l'Europe, marque un penalty puis conclut la soirée par un doublé. La messe était dite. Eusébio devenait un dieu du football.

1966

PORTUGAL 5-3 CORÉE DU NORD

Buts pour le Portugal : Eusébio (27e, 43e sur pen., 56e, 59e sur pen.), José Augusto (80e)

Buts pour les Coréens : Pak Sueng-jin (1e), Lee Dong-woon (22e), Yang Seung-kook (25e)

Dans l'un des deux temples du football de Liverpool, au Goodison Park, l'antre d'Everton, le quart de finale de la Coupe du monde 1966 entre les Portugais et les Coréens, vifs et habiles, laissa pantois les 52 000 spectateurs impressionnés par les Asiatiques qui menaient 3-0 à moins de 25 minutes de jeu... Abattus par leur début de match raté, les Portugais se remobilisèrent et terminèrent 3-2 la première mi-temps avec Eusébio à la baguette de l'orchestre portugais. Au retour des vestiaires, l'attaquant égalisa grâce à une reprise de volée réalisée à la perfection. Puis il signa sa soirée de gala par un penalty, tiré avec une grande maîtrise.

2007

MANCHESTER UNITED 7-1 AS ROMA

Buts pour Manchester United : Carrick (11e, 60e), Smith (17e), Rooney (19e), Ronaldo (44e, 49e), Evra (81e)

Buts Roma : De Rossi (69e)

Ce quart de finale retour C1 2007 fut très attendu car le match avait vu la Roma s'imposer 2-1. Quand les médias demandèrent à Francesco Totti, avant sa venue en Angleterre, s'il ne pensait pas que MU était favori avec le but marqué à l'extérieur, le Romain déclara : « On verra bien. Un fait certain, je n'habiterai jamais Manchester, il y pleut tout le temps... » Il ne savait pas si bien dire mais sa vacherie au lieu d'affaiblir MU motiva encore plus les Red Devils qui pulvérisèrent la Roma 7-1. Le 10 avril 2007, ce fut une pluie de buts ! Manchester United sera sorti de l'épreuve en demi-finale par le Milan AC, entraîné par Carlo Ancelotti, futur vainqueur de la finale face à Liverpool (2-1).

2014

ALLEMAGNE 7-1 BRÉSIL

Buts pour l'Allemagne : Thomas Müller (11e), Klose (23e), Kroos (24e, 26e), Khedira (29e), Schürrle (69e, 79e)

But pour le Brésil : Oscar (90e)

Depuis le naufrage du Brésil en finale de « sa » Coupe du monde 1950, l'équipe nationale n'avait jamais été autant humiliée à domicile. Très mal préparés mentalement, les joueurs de Luiz Felipe Scolari, sans leur jeune prodige Neymar, se sont pris de face une tornade allemande qui balaya tout sur son passage pour atteindre la première demi-heure sur un 5-0 ! Cette équipe du Brésil a été dominée de A à Z par les hommes de Joachim Löw qui deviendront champions du monde en battant l'Argentine de Messi en prolongations, sur un but de Mario Götze (113e). Les vrais « Brésiliens » de 2014 étaient tous allemands. Les Brésiliens ont passé leur temps à pleurnicher, les yeux plus gros que le ventre. Incapables de vivre l'événement trop grand pour eux.

UNE KYRIELLE DE MATCHS AUX SCORES MÉMORABLES

France 0-15 Angleterre (1er/11/1906) ;
Angleterre 12-0 France (23/03/1908) ;
France 0-11 Angleterre (22 /05/1909) ;
Argentine 6-3 Mexique (19/07/1930) ;
Italie 7-1 États-Unis (27/05/1934) ;
Suède 8-4 Cuba (12/06/1938),
Hongrie 9-0 Corée du Sud (17/06/1954) ;
Autriche 7-5 Suisse (26/06/1954) ;
Inter Milan 7-0 Lyon (10/12/1959) ;
Hongrie 6-1 Bulgarie (3 /06/1962) ;
Valence 6-2 Barcelone (8/09/1962) ;
Monaco 9-0 Bordeaux (18/01/1986) ;
France 10-0 Azerbaïdjan (6/09/2005) ;
Manchester United 8-2 Arsenal (28/08/2011) ;
Manchester United 1-6 Manchester City (23/10/2011)

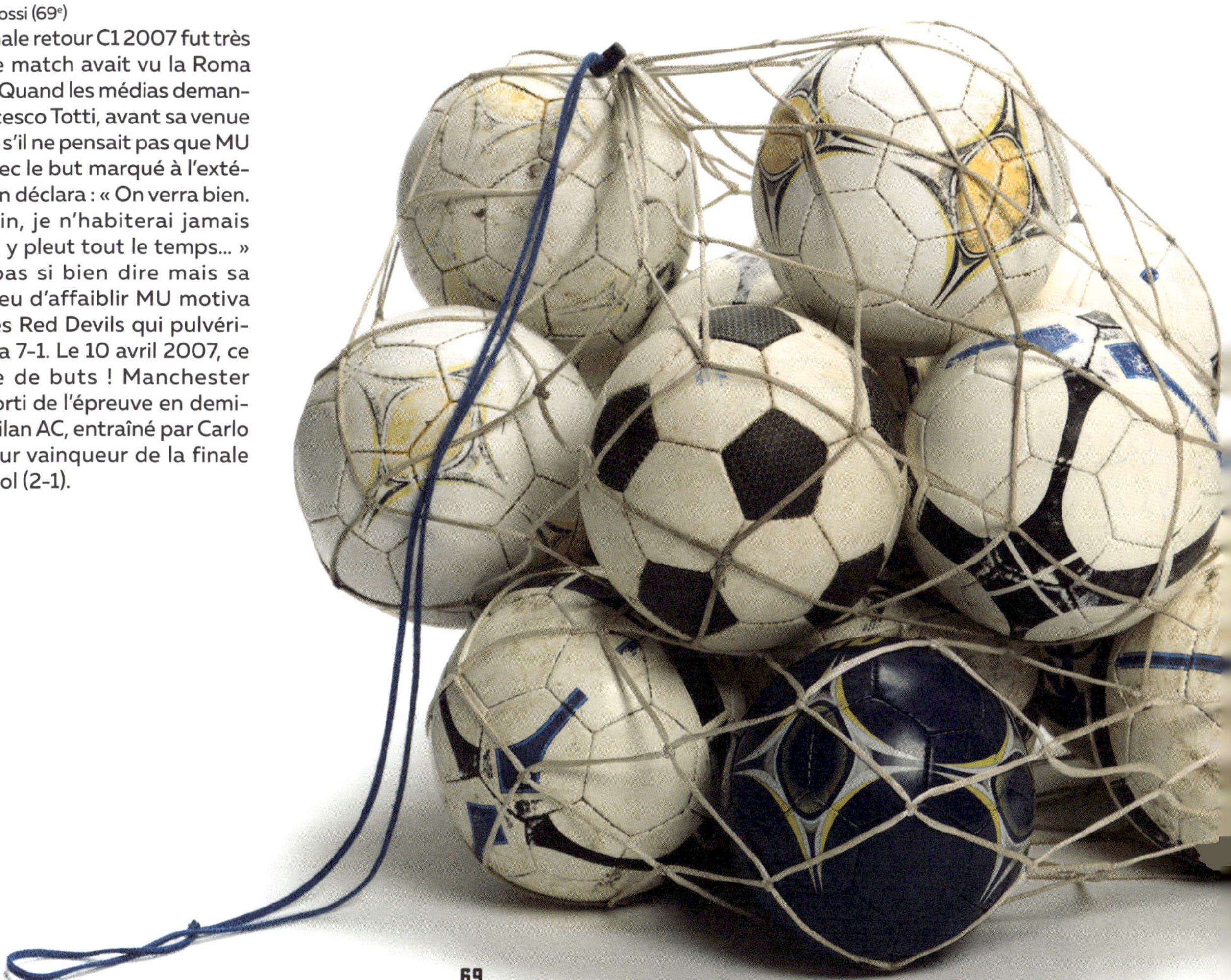

GEORGE BEST

« Maradona good. Pelé better. George Best »

★

Comme Cruyff et Platini, le numéro 7 de Manchester United n'a pas eu besoin de remporter la Coupe du monde pour marquer l'Histoire. L'attaquant aux dribbles féériques était l'idole de Maradona à qui l'on a raconté les exploits du Red Devil qu'il n'a jamais vu jouer.

À sa mort, le 25 novembre 2005, le monde entier a ressenti un vide, un terrible vide. On éprouvait l'absence d'un homme qu'on ne connaissait qu'à travers sa légende. Seuls les gens authentiques plongent dans le deuil les populations du monde entier : De Gaulle, Bob Marley, Mandela... Les footballeurs sont des fabriques d'émotions surtout lorsqu'il s'agit d'un athlète à la langue bien pendue : « Si j'avais eu le choix entre dribbler cinq joueurs puis marquer un but en pleine lucarne de 40 mètres à Anfield et me taper miss Monde, j'aurais eu du mal à me décider. Par chance, les deux me sont arrivés. » Même mort, George Best a créé l'événement : sous la pluie, 300 000 personnes sont descendues dans les rues de Belfast. La dépouille du merveilleux footballeur de l'Irlande du Nord a fait tomber toutes les discordes entre catholiques et protestants. Parmi les centaines de couronnes mortuaires, on n'en voyait qu'une : « Pelé good, Maradona better, George Best ».

Le dribbleur fluide est le premier à atteindre la notoriété d'une pop star tout comme les Beatles et les Rolling Stones. Il a transformé l'image du footballeur qui évoquait surtout la classe ouvrière. Le très beau gosse cultivait son look comme une vedette de cinéma ou de la musique. Le tombeur collectionnait les conquêtes féminines avec un humour dévastateur : «Je n'ai pas couché avec sept miss Monde, comme on le raconte. Seulement quatre. Les trois autres, je ne suis jamais allé au rendez-vous. » Best suscitait l'admiration parce que c'était un vrai champion qui répondait présent dans les grands matchs, même si sa préparation était olé olé. Trop gentil, il ne savait pas dire non aux nombreuses sollicitations et brûlait sa vie au point de faire passer pour moine tous les oiseaux de nuit. Ses prises de risque lui permettait d'assumer son rang de joueur cadre de Manchester United. Un jour, Denis Law lui lança : « Les gens disent que tu gardes le ballon au lieu de me faire une passe... » Best riposta : « Tu n'as qu'à pas être hors-jeu ! » Les deux amis éclatèrent de rire.

Loin d'être une starlette, Best a refait gagner MU qui avait perdu ses joueurs-clefs dans le crash d'avion 1958. La génération perdue des années 1950 avait gagné trois championnats. Il a fallu attendre la nouvelle éclosion de « Busby Babes » pour que MU regagne le titre (1965 et 1967). Avec Bobby Charlton et Law, le play-boy Best était l'un des animateurs du renouveau des Red Devils. Un trio composé de trois Ballons d'or, tous conquis à MU ! Best devint mythique lors de la finale de la Coupe d'Europe des clubs champions 1968 face au Benfica d'Eusebio (4-1), en marquant le premier but si important lors des prolongations. Tout heureux du trophée, Best expliqua qu'il avait pensé s'arrêter juste avant la ligne de but, se mettre à quatre pattes et pousser le ballon de la tête dans le but. « J'avais dribblé le gardien mais, au dernier moment, je me suis dégonflé. J'ai eu peur que le coach fasse une crise cardiaque ! » L'étoile filante Best brille toujours.

LES TRIDENTS dynamiteurs

**Ils sont l'équipe dans l'équipe.
Des trios de joueurs installés aux premières loges. Ils sont là pour faire marquer et conclure eux-mêmes. Leur entente cordiale soulage tout le groupe car ils font basculer le score dans l'intérêt de leurs coéquipiers.
Dans chaque trio, il y a un phare qui guide l'ensemble. Ce phare s'appelle Pelé, Kopa, Cruyff ou Platini.**

FERENC PUSKÁS
ALFREDO DI STEFANO
FRANCISCO GENTO

Machines à marquer et à faire marquer, Puskás et Di Stefano sont deux joueurs de l'histoire qui ont le mieux servi le football des années 1950. Deux enchanteurs. Chef d'orchestre du Real Madrid, Di Stefano voulait toujours gagner. Il régnait dans le vestiaire où il donnait son imprimatur. Il a voulu que le club s'enrichisse de la double présence de Puskás et Kopa : mieux valait les avoir avec lui que contre lui. Kopa se tenait en soutien du trio au sein duquel l'ailier Gento rendait perméable toutes les défenses.

RAYMOND KOPA
JUST FONTAINE
ROGER PIANTONIO

À son retour du Real Madrid, Kopa ne réintègre pas une petite équipe. Il peut compter sur le toucher de balle du technicien Piantoni et sur l'adresse de Fontaine, buteur insatiable. Le triumvirat exprime un football champagne dans la région du même nom. Les Rémois dominent les débats des championnats 1960 et 1962. Leurs trois fleurons se retrouvent en équipe de France 1958 que personne ne voit aller loin en Suède. Erreur de jugement : les Tricolores s'y font remarquer au point de ne s'avouer vaincus que contre le Brésil. En demi-finale, Robert Jonquet fut agressé par un tacle de Vavá loin d'être un poète du football : double fracture du péroné ! Le rêve français se brisa comme les os de Jonquet. Éliminé, le trio d'attaquant se relança aussitôt dans le championnat français.

GIAMPIERO BONIPERTI
JOHN CHARLES
OMAR SIVORIO

Ce trio fait gagner à la Juventus de Turin trois championnats et deux Coupes d'Italie entre 1958 et 1961 dont un doublé. La saison 1957-1958 a plu aux tifosi car elle a donné l'occasion de porter sur le maillot du club une étoile qui symbolise 10 titres de championnat. Le Gallois Charles était un roc difficile à charger, l'Italo-Argentin Sivori apportait la facétie des dribbleurs et l'italien Boniperti tenait le rôle du maître tacticien. L'Italien joua toute sa carrière à la Juve, refusant une très alléchante offre de River Plate, venue de Buenos Aires.

PELÉ
VAVÁ
GARRINCHA

Aux trois as du Brésil 1958 au jeu éblouissant, première Seleção à remporter la coupe Jules Rimet, on peut rajouter Didi pour composer l'équivalent des Mousquetaires de Dumas. Garrincha sur son aile semait la panique dans toutes les défenses. Ses adversaires ne voyaient plus que le dos de l'ailier qui les avait dribblés avec l'agilité d'une anguille. La jeunesse de Pelé fit le bonheur des spectateurs suédois séduits par ce grand adolescent de 17 ans et des poussières d'étoile que personne ne connaissait. Il avait une vista et une technique qui lui permettaient de donner des ballons avec une précision impensable en pleine course. Pelé a même tenté un sombrero avant d'envoyer la balle au fond des filets. Le Brésil a gagné tous les cœurs sur une seule Coupe du monde. Didi, Vavá, Pelé, des noms courts, des noms à deux syllabes qui incarnent la vitesse. À peine les prononce-t-on que ceux qui les portent sont déjà dans le camp adverse, prêts à marquer un but et du même coup l'histoire.

GUNNAR GREN
GUNNAR NORDHAL
NILS LIEDHOLM

L'ensemble d'attaquants suédois du Milan AC, surnommé « Gre-No-Li », a remporté le championnat d'Italie 1951 avec un point d'avance sur l'Inter Milan au terme d'une saison captivante. En Italie, le football c'est plus qu'un hobby pour oisifs. Liedholm, le cerveau du milieu de terrain, gagnera encore trois championnats avant de devenir entraîneur du Milan AC. Gren tentait souvent sa chance devant le but mais il adorait aussi faire marquer. Plus finisseur que ses compatriotes, Nordhal était le buteur qui terrifiait les défenses avant même le coup d'envoi : 3e meilleur buteur de la Serie A avec 225 buts en 291 matchs, derrière Silvio Piola et Francesco Totti. Son compteur de buts au Milan AC affiche 210 buts en championnat. Quand il a quitté le IFK Norrköping pour signer à Milan, Nils Liedholm avait dit à ses parents qu'il reviendrait très vite au pays natal. À part pour jouer et perdre la finale de la Coupe du monde 1958 devant le Brésil (3-2), Liedholm a passé sa vie en Italie, presque 60 ans avant d'y mourir. Entraîneur de la Roma, il parvient en finale de la Coupe d'Europe des clubs champions 1984 qu'il perd contre Liverpool (1-1) aux tirs au but 2-4. *No comment.*

GEORGE BEST
BOBBY CHARLTON
DENIS LAW

Ces trois footballeurs ont joué leur partition commune à l'époque où régnait la music pop anglaise. Ils diffusaient de l'émotion avec un ballon comme les Beatles avec leurs guitares. Ensemble, ils ont fait gagner deux championnats à Manchester United (1965 et 1967). Ils ont été à la base de la première Coupe d'Europe des clubs champions remportée par MU en 1968 contre Benfica (4-1, après prolongations). Blessé, Law n'a pas pu participer au triomphe des hommes de Matt Busby. Le si sympathique Écossais est le 3e meilleur buteur de l'histoire de MU : 237 buts en 404 matchs, derrière Bobby Charlton et Wayne Rooney. Les trois Red Devils des années 1960 ont tous étaient élus Ballon d'or, à Old Trafford : Law (1964), Charlton (1966) et Best (1968). Trois prix d'excellence.

JOHAN CRUYFF
SJAAK SWART
PIET KEISER

Quand ils parlaient, le reste du monde ne comprenait rien à leurs discussions mais quand ils jouaient, le reste du monde était suspendu à leurs faits et gestes. Les amoureux du beau jeu n'en revenaient pas. Depuis le Brésil 1970, on ne pensait pas revoir une si belle unité entre des joueurs qui faisaient obéir le présent. Cette fois, il s'agit d'un club et non pas d'une équipe nationale. L'Europe du football ne jurait plus que par l'Ajax Amsterdam qui a confisqué trois Coupes d'Europe des clubs champions à la suite (1971, 1972 et 1973). Avec eux c'était à tous les coups on gagne. Les deux ailiers Swart et Keiser faisaient tourner en bourrique les défenseurs qui ne parvenaient pas à les contrer. Cruyff, maître cerveau sur son homme perché, diffusait sa science du jeu, comme un professeur inspiré au collège de France fait entrevoir le souffle de l'esprit à son auditoire attentif. Qui a vu jouer l'Ajax des années 1970 a vu la beauté à portée du regard. Insaisissable.

RUUD GULLIT
FRANK RIJKAARD
MARCO VAN BASTEN

Le trident hollandais du Milan AC a régalé l'Italie et toute l'Europe. La beauté n'a pas de frontière. Les trois amis s'imposent lors des championnats 1988, 1992 et 1993 qui voient le Milan AC ne laisser que des miettes aux autres clubs. Leur entraîneur Arrigo Sacchi prône l'art pour l'art avec un devoir de résultats qu'il obtient deux fois de suite en finale de la Champions League (1989 et 1990). Fabio Capello, qui lui succède, ne fait pas baisser le niveau. Arrivé au club en 1991, le nouvel entraîneur a refait gagner le championnat au Milan AC version hollandaise. Le président d'alors, Silvio Berlusconi a peut-être beaucoup de défauts, mais pas celui de bien choisir ses managers. Gullit, Rijkaard et van Basten se sont aussi imposés lors de l'Euro 1988 face à l'URSS (2-0) avec des buts signés par Gullit et van Basten.

GERSON
PELÉ
TOSTÃO

Les trois artistes brésiliens, avec en plus Rivelino, et Jairzinho, appartiennent à la plus belle équipe de tous les temps : le Brésil 1970. Des joueurs d'une sélection, ce qui souligne encore plus l'exploit de bien se trouver sur le terrain alors que leur association n'était pas quotidienne comme dans un club. Ce trio est composé de trois numéros 10 et même de quatre puisqu'il faut y rajouter le gaucher Rivelino. Ils dégageaient une sérénité rassurante, comme si la vie était éternelle, comme si rien de négatif ne pouvait plus leur arriver. Ces caresseurs de cuir étaient des marchands de bonheur, même leurs adversaires ne leur en voulaient pas. Peut-on demander au soleil de disparaître quand il fait beau, et même très beau ? On n'a plus jamais vu une équipe nationale aussi lumineuse. Dans cette équipe, il n'y avait aucun intermittent du talent.

ALAIN GIRESSE
JEAN TIGANA
MICHEL PLATINI

Un quart de siècle après la génération des Tricolores de 1958, un nouveau groupe d'internationaux français a refait du bien au football français. Platini ? Depuis Kopa, aucun joueur n'avait autant imprimé son talent dans les matchs. Platini voyait tout avant les autres. Giresse était à Platini ce que Piantoni fut à Kopa. Mieux que des doublures, d'authentiques artistes capable eux aussi de faire basculer un match dans le bon sens. Près d'eux se tenait Tigana, dans le rôle du récupérateur. Sans lui, les deux artistes n'avaient pas le ballon. Tigana récupérait la sphère dans les pieds des adversaires et la restituait toute propre dans ceux de Platini et de Giresse qui la faisaient vivre pour le meilleur de la collectivité. En 1982, ils ont perdu en demi-finale de la Coupe du monde face à la RFA. Pourtant on parle tout le temps du jeu à la française – « les Français brésiliens de l'Europe » a-t-on dit – et jamais de la victoire des Allemands.

LE PANTHÉON
des entraîneurs

On les remplace aussi vite qu'on les a nommés, pourtant ils sont indispensables. Les grands entraîneurs anticipent ce qui va se passer, gouverner c'est prévoir. Dans leurs bagages, la compétence doit dominer tout le reste. Les meilleurs d'entre eux possèdent une dialectique remarquable. Quand ils sont respectés par les joueurs, ils ont déjà accompli la moitié du travail.

HERBERT CHAPMAN
(Angleterre, 1878-1934)

L'entraîneur d'Arsenal révolutionna le jeu avec le W-M, soit un défenseur stoppeur qui s'occupe de l'avant-centre adverse, épaulé par les deux arrières latéraux en charge de bloquer les ailiers d'en face. En attaque, il installa un trident avec des milieux de terrain très actifs.

BÉLA GUTTMANN
(Autriche-Hongrie, 1900-1981)

Double vainqueur de la Coupe d'Europe des clubs champions 1961 et 1962, avec Benfica, le tacticien au mental d'acier vulgarisa le 4-2-4. Il mit fin au règne européen du Real Madrid qui dominait sans partage depuis 1956.

HUGO MEISL
(Autriche, 1881-1937)

Le fils de banquier prônait le jeu de passes rapides qu'il instaura dans l'équipe nationale conduite par Matthias Sindelar. Plein de projets, il créa la Coupe Mitropa, ancêtre de la Champions League, et installa le professionnalisme dans son pays.

GUSZTÁV SEBES
(Hongrie, 1906-1986)

Partisan du 4-2-4, il s'inspire du jeu à terre prodigué par Jimmy Hogan pour humilier l'Angleterre 3-6 à Wembley le 25 novembre 1953. Invaincus dans leur jardin, les Anglais, arcboutés dans leur W-M, furent surclassés par le Onze d'or conduit par Ferenc Puskás.

SIR MATT BUSBY
(Écosse, 1909-1994).

La bonté ancrée sur son visage, il a donné une âme – basée sur l'amour du beau jeu d'attaque – à Manchester United qu'il porta au sommet de l'Europe en 1968, dix ans après avoir vu mourir ses joueurs dans le crash de Munich. Sir Alex Ferguson fut son héritier spirituel.

HELENIO HERRERA
(Argentine et France, 1910-1997).

Le maestro de l'Inter Milan, qu'il a doté de ses deux premières Coupes d'Europe des clubs champions (1964 et 1965), savait aussi bien attaquer que défendre. Comme il utilisait le catenaccio (verrou) on l'appelait parfois « le fossoyeur ». « H.H » ne jurait que par la contre-attaque.

RINUS MICHELS
(Pays-Bas, 1928-2005).

Influencé par les entraîneurs anglais, le Néerlandais a instauré le « football total » qui inspira l'Europe entière par sa philosophie d'attaquer et défendre ensemble. Parmi tous ses titres, la Coupe d'Europe des clubs champions 1971 avec l'Ajax Amsterdam et l'Euro 1988 avec l'équipe nationale. Ştefan Kovács prit sa succession, puis Cruyff le remplaça à Barcelone dix ans après son départ du Barça.

BILL SHANKLY
(Écosse, 1913-1981)

« Ma vie c'est le travail et inversement » disait le manager qui installa Liverpool au sommet du football anglais. Sa statue, poings fermés comme quand il était vivant, ne comporte qu'une seule phrase gravée : *He made the people happy*. Un bienfaiteur de Liverpool, respecté ailleurs.

ARRIGO SACCHI
(Italie, 1946)

Il aime les équipes qui glorifient l'esprit collectif. Il réclamait de ses joueurs du Milan AC un pressing constant, le plus haut possible dans le camp adverse afin de récupérer au plus vite le ballon. Facile à dire, difficile à faire. Un poète avec une majestueuse philosophie de jeu.

BRIAN CLOUGH
(Angleterre, 1935-2004).

Il a réussi le tour de force de faire gagner à Nottingham Forest deux Coupe d'Europe des clubs champions (1979 et 1980). Il bannissait le *kick & rush*. Le jour de son licenciement après un passage éclair à Leeds, il déclare : « C'est un jour terrible pour ce club ! » Le Charles Bukowski du football a trois statues sur le sol anglais.

D'AUTRES ENTRAÎNEURS QUI ONT SU GAGNER AVEC PLUS OU MOINS DE SUCCÈS

Jimmy Hogan (Angleterre, 1882-1974) ;
Vittorio Pozzo (Italie, 1886-1968) ;
Albert Batteux (France, 1919-2003) ;
Jean Snella (France, 1914-1979) ;
José Arribas (France, 1921-1989) ;
Ernst Happel (Autriche, 1925-1992) ;
Ferdinand Daučík (Autriche-Hongrie, 1910-1986) ;
Karl Rappan (Autriche, 1905-1996) ;
Nereo Rocco (Italie, 1912-1979) ;
Alfredo Foni (Italie, 1911-1985) ;
Lucien Leduc (France, 1918-2004) ;
Jock Stein (Écosse, 1922-1985) ;
Helmut Schön (Allemagne, 1915-1996) ;
Bob Paisley (Angleterre, 1919-1996) ;
Alf Ramsey (Angleterre, 1920-1999) ;
Raymond Goethals (Belgique, 1921-2004) ;
Jupp Derwall (Allemagne, 1927-2007) ;
Robert Herbin (France, 1939) ;
Valeri Lobanovski (1939-2002) ;
Enzo Bearzot (Italie, 1927-2010) ;
Cesar Luis Menotti (Argentine, 1938) ;
Artur Jorge (Portugal, 1946) ;
Jean-Claude Suaudeau (France, 1938) ;
Marcello Lippi (Italie, 1948) ;
Fabio Capello (Italie, 1946) ;
Guy Roux (France, 1938) ;
Vicente Del Bosque (Espagne, 1953) ;
Ottmar Hitzfeld (Allemagne, 1949) ;
Luiz Felipe Scolari (Brésil, 1948) ...

Les derniers REMPARTS

On les appelait *goalkeepers*. On les appelle gardiens de but et quelques fois portiers. Ils sont les seuls à pouvoir prendre le ballon avec les mains. On les dits fous ou sages, selon leur façon de jouer plus ou moins périlleuse. Une certitude : pas de grande équipe sans grand goal.

PIERRE CHAYRIGUÈS

1892-1965 (Red Star)

Triple vainqueur de la Coupe de France (1921, 1922 et 1923), le gardien parisien a su se confectionner un palmarès alors que sa carrière fut stoppée par la Première Guerre mondiale. Le professionnalisme n'existant pas, il demanda à être payé sous le manteau puisqu'il y avait des recettes aux guichets. L'intrépide goal sortait de sa cage pour participer au jeu, balle aux pieds.

RUDI HIDEN

1909-1973 (Racing Club de Paris)

Le grand gardien de buts – dans tous les sens du terme – de l'équipe autrichienne des années 1930 a signé au Racing Club de Paris grâce au président Jean-Bernard Lévy (1897-1940) qui s'entoura des meilleurs entraîneurs anglais : Jimmy Hogan (1882-1974) et George Kimpton (1887-1968). Commandant sa défense, l'exilé Hiden – suite à l'annexion de son pays par Hitler – remporte le doublé 1936 plus deux Coupes de France (1939 et 1940). Sa présence taciturne amplifiait son aura naturelle.

RICARDO ZAMORA

1901-1978 (Real Madrid)

Issu d'un milieu aisé, le Catalan surprend sa famille qui ne comprend pas sa passion d'être gardien de but. Lui n'en fait qu'à sa tête et devient l'une des premières icônes du football quand il signe au Real Madrid. La presse disait qu'il « arrête des balles » comme si son corps faisait barrage à des tirs de fusil ! Pris dans des imbroglios politiques, le portier international signe à Nice pour le plus grand plaisir de Jean Gabin, l'un de ses admirateurs.

JULIEN DA RUI

1916-1987 (Lille)

Cet as de la voltige avait un côté tête brûlée indispensable pour occuper la place du gardien de but. Il était au football ce que Jean Robic fut au vélo. Deux teigneux qui préféraient mourir avec leurs idées que survivre avec celles des autres. Sans la guerre, Da Rui aurait eu une carrière internationale encore plus formidable, carrière maintenue au sommet entre 1939 et 1951, soit 25 sélections arrachées au temps avec une force de caractère qu'il communiquait à ses défenseurs. En 1936, gardien de Charleville (D2) – qui compte dans ses rangs Helenio Herrera – il perd en finale de la Coupe de France devant le Racing Club de Paris qui aligne ses internationaux pour abattre le petit poucet des Ardennes. À partir de ce match, tous les clubs veulent enrôler ce gardien qui

sort souvent de sa ligne pour faire le ménage dans la surface de réparation. En 1947, il remporte le championnat de France avec le Club olympique de Roubaix-Tourcoing qu'il portait sur ses épaules avec Lucien Leduc et Henri Hiltl. Quand il quitte le Nord, où il était joueur-entraîneur, le CORT descend en D2. Comme en son temps les footballeurs n'avaient pas des salaires astronomiques, Da Rui a été engagé au cirque Jean Richard pour faire un numéro au cours duquel des quidams tentaient de lui marquer un penalty. Pathétique ultime tour de piste, pour démontrer la souplesse du gardien international.

RENE VIGNAL

1926-2016 (Racing Club de Paris)

Le public venait au stade plus pour voir ses envolées quand il dégageait du poing au-dessus d'une montagne de joueurs que pour regarder le match. Le radius droit fracturé lors d'un derby Racing Club de Paris-Stade Français (2-1), le 6 juin 1954, le Racingman, bras bandé, refuse

de sortir et décide de jouer ailier. Casse-cou, « the Flying Frenchman » mettait la tête où personne ne mettait le pied. Une fois la retraite prise, le téméraire gardien de classe mondiale bascule dans le banditisme jusqu'à la prison. Cela n'altère en rien le respect qu'éprouvait envers lui Albert Batteux, l'une des plus grandes autorités du football. Dans le gotha des goals made in France, « le Français volant » est dans les cinq premiers.

LEV YACHINE

1929-1990 (Dynamo Moscou)

Unique gardien doté d'un Ballon d'or (1963), « l'Araignée noire » a fait gagner à l'URSS les deux seuls trophées de son palmarès : la médaille d'or 1956 au tournoi des J.O. de Melbourne et l'Euro 1960 disputé à Paris. Yachine boxait les ballons qu'il estimait incapable d'arrêter avec les mains ouvertes et il se transformait en joueur de champ si ses défenseurs étaient dépassés par les événements. Le portier soviétique – souvent vêtu en noir dans sa cage – est le plus grand gardien de l'histoire. Colosse à la bonté infinie.

GILMAR

1930-2013 (Brésil)

Double champion du monde (1958 et 1962), le joueur des Corinthians de São Paulo dégageait un calme absolu qui rassurait tous ses coéquipiers sur et en dehors du terrain. Ce calme réel faisait l'effet contraire sur ses adversaires stressés rien qu'à l'idée de le retrouver sur leur route. Il avait conscience d'être à la fois à l'intérieur et à l'extérieur des matchs. Quand la balle était loin, il analysait le jeu de ses adversaires et dès que le ballon revenait dans sa zone, son acuité était décuplée car il ne quittait jamais le ballon des yeux.

DINO ZOFF

(Italie)

Athlète ennemi des excès, il n'avait pas l'impression de faire des sacrifices puisque tout lui plaisait dans son métier, les entraînements comme les matchs. Sa condition physique optimale et son mental, jamais affaibli par la pression des matchs, contribuèrent à sa longévité. À 40 ans, le gardien de la Juventus de Turin, remporta la Coupe du monde 1982. Un trophée qui ne lui fait pas oublier les deux défaites lors des finales des Coupes d'Europe des clubs champions 1973 et 1983. À dix ans d'intervalle, la même poisse. Entraîneur de la Juventus de Turin, il remporte la Coupe UEFA 1990 mais sélectionneur de la Nazionale il sort vaincu de la finale de l'Euro 2000, contre la France. Sa présence s'apparente à celle des acteurs Marcello Mastroianni et Vittorio Gassman. Des hommes que l'on voudrait avoir pour amis.

GORDON BANKS

(Angleterre)

Le champion du monde 1966 était l'une des pierres angulaires du triangle des Bermudes sans lequel aucun adversaire n'est maîtrisé. Les deux autres surveillants en chef étaient Jack Charlton et Bobby Moore. Si l'Angleterre n'a plus jamais rien gagné, c'est que l'équipe aux trois Lions n'a plus mis que des lionceaux à ces postes-clés. Gordon Banks avait une détente qui lui permettait même d'arrêter des tirs à bout pourtant. Pelé lui a maintes fois rendu hommage pour dire qu'en face de Banks il n'en menait pas large.

SEPP MAIER

(Bayern Munich)

Triple vainqueur de la Coupe d'Europe des clubs champions, toutes remportées à la suite (1974, 1975 et 1976), le champion du monde 1974 et vainqueur de l'Euro 1972 a appartenu à la plus belle équipe du Bayern Munich qui a gagné en plus quatre championnats allemands (1969, 1972, 1973 et 1974), plus autant de Coupes (1966, 1967, 1969, 1971) parmi tant d'autres trophées dont la Coupe d'Europe des vainqueurs de coupes 1967. Formé en Bavière, il est resté au Bayern plus de vingt ans. Très bon sur tous les ballons aériens qui passaient devant sa cage, le courageux gardien était aussi très bon dans ses relances à la main qu'il travaillait indirectement quand il jouait au tennis.

GIANLUIGI BUFFON

(Juventus)

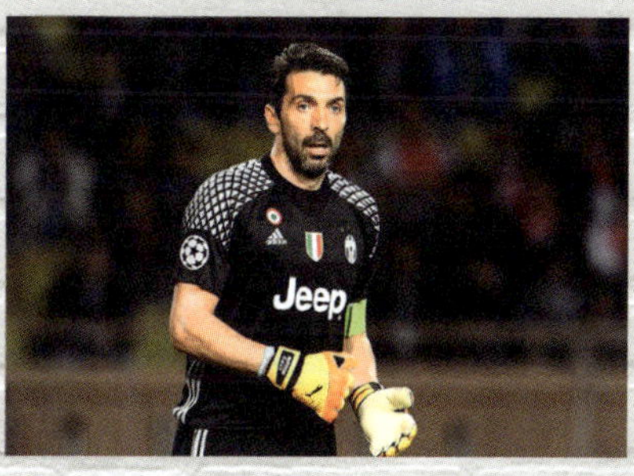

Avec plus de 620 matchs avec la Juventus de Turin et un nombre impressionnant de sélections avec la Nazionale (169, série en cours), Buffon a en ligne de mire une sixième participation en Coupe du monde, soit un éventail qui irait de 1998 à 2018 ! Le champion du monde 2006 bénéficie d'une cote d'amour qui se vérifie dans tous les pays où il joue. Il est impossible de ne pas applaudir un champion qui malgré une âme de compétiteur hors concours n'oublie jamais d'être aimable avec ses adversaires. Et cette gentillesse non feinte appartient à sa panoplie pour désarçonner les attaquants mal intentionnés à son égard.

RAYMOND KOPA

L'insoumis au regard périphérique

★

C'était un joueur décisif. Il avait l'âme d'un chef d'où son surnom « le Napoléon du football » donné par les Anglais en raison de son rayonnement sur le terrain. Depuis les tribunes, on percevait sa puissance intellectuelle sur les actions qu'il imprimait dans le match, avec des gestes de haute précision.

Dans les années 1960, j'avais pour héros Juan Manuel Fangio, Marcel Cerdan, Fausto Coppi et Raymond Kopa. Si un gamin se prend pour Stendhal c'est que quelque chose chez lui ne tourne pas rond. Je n'ai pas pu rencontrer le pilote de F1, et encore moins le boxeur et le cycliste qui eux étaient déjà morts. Sur les quatre, j'en ai connu un, rencontré par hasard dans un grand magasin où il signait un livre qui lui était consacré. Kopa c'est d'abord un regard. Une intensité à la Clint Eastwood. Charme + Intelligence + Humour + Exigence = Kopa. À un moment, j'ai voulu lui parler de quelques joueurs actuels, il m'a répondu : « Vous aimez le vrai football ou le faux ? » Il m'a alors confié que son joueur préféré était Puskás avec lequel il joua au Real Madrid en compagnie de Di Stefano. Quand Kopa parlait de Puskás, il était dans la position du fan admiratif oubliant qu'il était lui-même un immense footballeur de l'histoire. Outre trois C1 (1957, 1958 et 1959), gagnées au Real Madrid où il n'a perdu qu'un seul match en trois saisons – le derby contre l'Atlético – Kopa a remporté quatre championnats de France sous le maillot rémois. Raymond Kopa n'aimait pas égrener les souvenirs comme s'il s'agissait de vieilleries abandonnées au fond d'un tiroir. Il avait vécu le mieux possible ses années de grand professionnel, sachant d'où il venait : la mine où il perdit un doigt. Le ballon fut sa bouée de sauvetage pour gagner sa vie sur terre et non plus en-dessous. Le jeune Kopa se fit remarquer au Concours du plus jeune footballeur où il termina à la 2e place, en 1949. Un résultat qui le propulse à Angers puis à Reims. Pour éviter qu'on écorche son nom d'origine polonaise, il raccourcit Kopaszewski en Kopa. Sa technique, ses dribbles, son regard périphérique et toute sa classe éclaboussaient chaque match. Raymond Kopa était toujours constant dans ses performances. Il ne disparaissait pas pendant de long tunnel. Suivre le troupeau n'était pas dans sa nature. Les grands footballeurs semblent être hautains parce qu'ils ont une dextérité supérieure. Non seulement Kopa fit avancer le football sur le terrain mais il fut aussi un grand combattant pour sa corporation. « Les joueurs sont des esclaves » déclara-il dans *France-Dimanche*, en juin 1963. (Dans ce temps-là, les vérités sont exposées dans les journaux dits à scandales. Jacques Anquetil y parla à son tour du dopage.) Ce cri de vérité débouche sur une suspension. Kopa milite avec notamment Just Fontaine et Eugène N'Jo Léa pour que les joueurs n'appartiennent plus à vie au club dont les dirigeants se comportent en maquignons. À la fin des années 1960, ils obtiennent le contrat à temps qui change la vie des footballeurs. À 37 ans, Kopa joue encore à Reims. Ses déclarations contre les us et coutumes du football déclenchent les hostilités de la FFF qui a Kopa dans le viseur pour le suspendre. Le sélectionneur Georges Verriest (1909-1985) prétend que Kopa n'est plus le grand Kopa. L'accusé de tous les maux ne rétorque pas à ces inepties : il accompagne son fils Denis, 4 ans, qui est en train de mourir de la leucémie. Kopa fut champion aussi de la dignité.

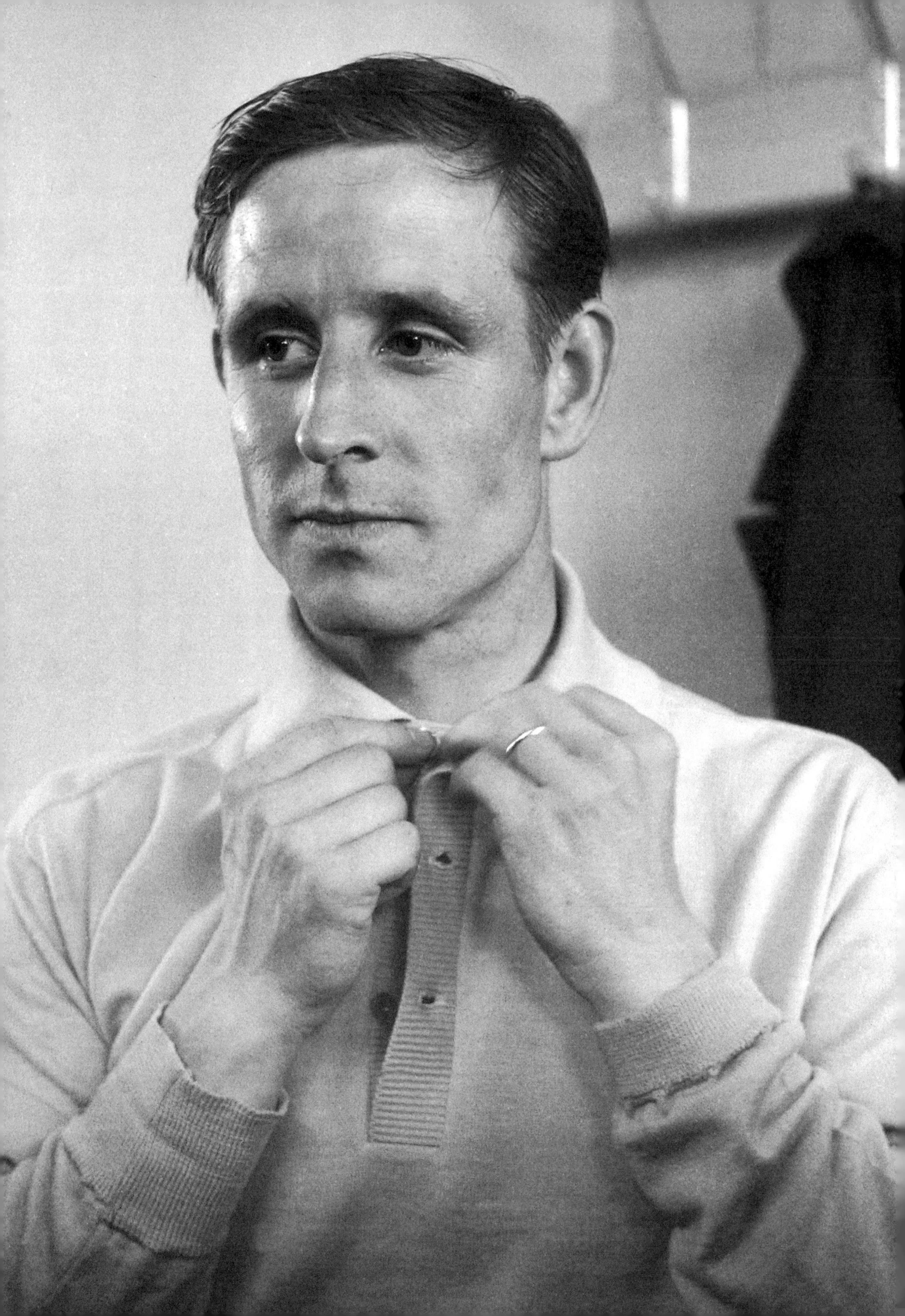

LE DRESSING des maillots

Tout l'équipement des joueurs s'est amélioré avec le temps, à commencer par les maillots. Au début du XXe siècle, il était lourd et désagréable à porter, vierge d'inscription. Depuis, il est d'un confort inouï mais les joueurs ne sont-ils pas tous devenus des hommes-sandwichs comme ceux dans les rues des années 1920-1930 ?

Lors de son premier match, le 1er mai 1904 l'équipe de France fit 3-3 contre la Belgique. Les Français jouèrent avec un maillot blanc avec les anneaux bleu et rouge de l'Union des sociétés françaises des sports athlétiques. La couleur blanche, censée représenter la pureté, avait la connotation religieuse de l'innocence. Ensuite, il y a eu le maillot blanc avec des rayures bleu-ciel et un col rouge, imposé par le Comité français interfédéral, institution concurrente de l'USFSA. Le CFI choisit la couleur bleue avec pour emblème un coq qui conjugue à la fois l'esprit gaulois et la foi des prêtres. Quand les deux groupes de dirigeants se rapprochent, la France joue en bleu avec le maillot frappé d'un coq à Milan lors d'Italie-France (6-2). Après la Première Guerre mondiale, ce choix renvoie au bleu horizon de l'habit militaire français des Poilus. Gabriel Hanot (1868-1968) a expliqué : « La voix et le souvenir des compagnons tombés au front » seront contenus dans le « bleu couleur sacrée de la nation endeuillée ». Par nation, il entendait et attendait « une grande solidarité ». Le maillot bleu avec le coq gaulois brodé eut différentes présentations : lacet autour du cou, col avec rabats, col rond, avec boutons ou sans. Manches longues ou courtes. Laine, coton, nylon, acrylique. Les jours de pluie, les maillots d'autrefois, gorgés d'eau, indisposaient les joueurs, et par temps chaud ils contenaient plein de sueur. Ces maillots étaient des fabriques de rhume, de grippe. Les nouvelles textures permettent une très bonne aération, ils sont si légers que parfois ils se déchirent sur le tirage d'un adversaire.

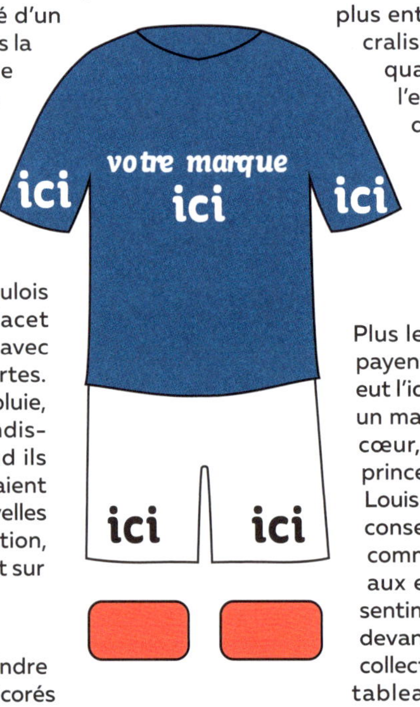

Au début totalement immaculé de la moindre inscription, les maillots ont peu à peu été décorés par l'écusson du club ou du pays. Dans un second temps, ils ont reçu un numéro dans le dos pour faciliter le travail des arbitres. Ensuite sont arrivés la publicité et le nom du joueur au niveau des épaules. Puskás et Kopa n'ont jamais joué un match avec leur nom sur le maillot. Ils n'avaient pas besoin de ça pour être reconnu : leur talent suffisait. La personnalisation des maillots a permis leur commercialisation. Dorénavant, tout le monde peut marcher dans la rue avec un maillot du Real Madrid affichant le nom de Cristiano Ronaldo. On peut même y faire inscrire le sien. Le merchandising est présent partout pour occasionner de considérables nouvelles entrées d'argent dans les caisses des clubs. Peu de maillots résistent à la publicité. Ils ont perdu de leur beauté. Même Barcelone a cédé au commerce alors que le Barça avait juré que mentionner un sponsor sur son maillot c'était souiller l'identité du club mais l'argent n'a pas d'odeur, on le sait. Jadis sacré, le maillot s'échange aujourd'hui comme un torchon. On voit régulièrement, des joueurs se dévêtir, regagnant le vestiaire torse nu après avoir donné son maillot à un joueur qui l'offre souvent à son tour à un proche parent ou ami.

Transformé en homme-sandwich, le footballeur n'est plus entouré que par un environnement désacralisé. Autrefois, les joueurs temporisaient quand le match approchait de la fin dans l'espoir de capter le ballon qu'ils refusaient de donner à l'arbitre. L'auteur d'un triplé conserve néanmoins le ballon pour le faire dédicacer par ses coéquipiers. Belle nouvelle tradition. On est loin de la cape (casquette) que recevait chaque nouvel international.

Plus le club est prestigieux plus les sponsors payent cher. Il est loin le temps où Grace Kelly eut l'idée d'habiller les joueurs de Monaco avec un maillot barré d'une diagonale, rouge sur le cœur, blanc sur le reste. Beau design d'une princesse qui aimait venir dans l'ancien stade Louis-II. Malgré leur laideur actuelle, les maillots conservent leur poids émotionnel – et même commercial quand on voit les prix des ventes aux enchères. Louis Nicollin était un grand sentimental, et non pas un spéculateur. Il posait devant ses trophées encadrés tout comme un collectionneur de tableaux parade au milieu des tableaux de Rembrandt ou de Picasso. Le président de Montpellier était tout sauf un parvenu. Il n'avait pas honte d'aimer ce qu'il aimait. Il aimait le coq gaulois qu'il n'associait pas à une poule mouillée. Le coq gaulois a été porté par Jean Bouin, mort aux combats pendant la Première Guerre mondiale, et par Alain Mimoun, héros de la Seconde. Sur les vieilles photos on voit FRANCE sur le survêtement des internationaux tricolores. Cela avait un autre impact qu'une tapisserie de publicités où domine une virgule américaine. La Real économie tue l'identité. On ne sait plus qui défend quoi. Qui gagne ? Qui perd ? Les valeurs ne se monnayent pas.

REAL MADRID
MANCHESTER UNITED
ATLETICO MADRID
BORUSSIA DORTMUND
MILAN AC
LIVERPOOL FC
CELTIC GALSGOW
OLYMPIQUE LYONNAIS
RIVER PLATE
FC BARCELONE
AS SAINT-ETIENNE
BOCA JUNIOR
FC VALENCE
ASTON VILLA
FLAMENGO
FC PORTO
OLYMPIQUE MARSEILLE
AS ROMA
BAYERN MUNICH
JUVENTUS
FC NANTES
AJAX AMSTERDAM
ARSENAL
INTER
FC NAPOLI
PSV EINDHOVEN
BENFICA LISBONNE
PARIS SAINT-GERMAIN
FLUMINENSE
MONTPELLIER

DES JOUEURS INATTENDUS

Camus, Gabin, Pasolini, Mitterrand...

Des chanteurs sont fils de footballeurs (Obispo, M. Pokora...) et d'autres aiment le football comme Elton John ou y jouaient très bien tel Bob Marley. Parmi d'autres vrais passionnés figurent Albert Camus, Vladimir Nabokov, François Mitterrand, Jean Vigo, Jean-Paul Belmondo et aussi Marcel Cerdan.

ALBERT CAMUS

(1913-1960)

Prix Nobel de littérature 1957

Dans les années 1920, le footballeur de rue joue à l'Association sportive de Montpensier puis au Racing universitaire d'Alger, au poste de gardien de but dont il aime l'aspect sentinelle : « J'appris tout de suite qu'une balle ne vous arrivait jamais du côté où l'on croyait. Ça m'a servi dans l'existence et surtout dans la Métropole où l'on n'est pas franc du collier ». Quand il créé sa compagnie de théâtre, il l'appelle L'Équipe. Frappé par la tuberculose, il raccroche les crampons mais ne s'éloigne jamais du terrain. Au journal *Combat*, il engage Victor Peroni un autre passionné de football. Il va très souvent à Colombes voir ses amis pieds-noirs joueurs du Racing Club de Paris dont les couleurs sont les mêmes que celles du RUA. Le football c'est d'abord l'enfance. Camus n'a jamais renié la sienne. Il aimait courir, danser, bondir.

JEAN VIGO

(1905-1934)

Réalisateur de *Zéro de conduite*

Passionné de sport, le cinéaste tourna un documentaire sur le nageur Jean Taris (en 1931). Jean Vigo était féru de football qu'il pratiquait comme gardien de but à l'Association sportive du lycée de Chartres. En 1923-1924 et 1924-1925, il y joua gardien de but. Réputé pour ses sorties, tête devant, au mépris du danger. Dans le football, il voit une belle façon de transcender l'amitié dans un projet commun. Cinéaste, il veilla aussi à souder l'esprit d'équipe afin que tout le monde adhère au projet commun.

HENRY DE MONTHERLANT

(1895-1972)

Membre de l'Académie française

Dans les années 1920, Henry de Montherlant pratique et fait l'éloge du sport, particulièrement du football qu'il situe sous le signe du « Dieu de l'amitié ». Dans les stades, il retrouve la fraternité qui unissait les Poilus dans les tranchées de la Première Guerre mondiale. En 1924, il a publié *Les Olympiques* où figure « La leçon de football dans un parc ». Avec Tristan Bernard, Jean Giraudoux, Jean Prévost et Charles Maurras, il fait comprendre que le sport n'est pas une activité réservée aux simples tas de muscles, aux forts en biscoteaux sans cerveau.

JEAN GABIN

(1904-1976)

Acteur dans *La Grande illusion*

Quand il tournait au studio de la Victorine, à Nice, il allait toujours au stade du Ray voir les matchs de l'OGCN dont il était supporter. Il pratiquait le football de manière assidue avec les techniciens rencontrés au hasard des tournages et qui aimaient le football autant que lui. Il avait monté une équipe avec ses deux grands amis l'acteur Marcel Pérès et le boxeur Marcel Thil qu'il adorait comme un frère. C'était le temps des copains. Quand il tournait avec Lino Ventura, tous les deux passaient des heures à parler football et cyclisme. Boxe aussi. Il apprit même à Simone Signoret à lire *L'Équipe.*

FRANÇOIS MITTERRAND

(1916-1996)

Président de la République

De 1926 à 1934, il est pensionnaire à l'école Saint-Paul d'Angoulême, pensionnat catholique tenu par des prêtres diocésains. En parallèle à ses études, il joue au football dans l'équipe du collège dont il garde les buts, de la seconde à la classe de philosophie. Le poste de gardien lui convenait car cela lui permettait de réfléchir quand il n'était pas dans le feu de l'action. Quand il fut élu à l'Élysée, il ne manqua jamais de présider une seule Coupe de France, entre 1981 et 1994. Il fut heureux quand la France remporta l'Euro 1984 sous son septennat qui a vu briller la génération Platini. Le président Mitterrand a officiellement présenté la France à l'organisation de la Coupe du monde 1998.

MARCEL CERDAN

(1916-1949)

Boxeur, champion du monde

Le vainqueur de Tony Zale dans le championnat du monde des poids moyens 1948 joua quand il était très jeune au club de la Banque Union Sports, en position d'inter, soit attaquant distributeur et buteur, au mécontentement de son père qui voulait que son fils préserve ses forces pour le ring. À la fin des années 1940, après une grave blessure, il se croit perdu pour la boxe et se remet si bien à jouer au football qu'il est sélectionné dans l'équipe du Maroc aux côtés de Larbi Ben Barek. Le football était sa vraie passion car sur un terrain il ne pensait pas qu'à dégommer son adversaire. Avec un ballon, il créait sans cesse. Avec les gants, il ne faisait que détruire.

CAMUS, VIGO, MONTHERLANT, GABIN, MITTERRAND, CERDAN, PASOLINI, MARLEY, BOLT, JACKSON

PIER PAOLO PASOLINI

(1922-1975).
Poète et cinéaste

Quand il tournait un film, le cinéaste de *Mamma Roma*, avec Anna Magnani, organisait toujours des matchs pour unifier au maximum l'esprit collectif de son équipe technique. Parfait connaisseur du football qui lui donnait beaucoup de plaisir, il supportait l'équipe de sa ville natale : Bologne. Où qu'il se trouvât, il lui fallait absolument connaître le résultat du dernier match de ses favoris. L'intelligentsia se moquait de lui pour sa passion dévorante pour le ballon.

BOB MARLEY

(1945-1981).
Musicien apôtre du reggae

Le « rasta » était un remarquable manieur de ballon. Mercredi 2 Juillet 1980, Bob Marley et son groupe, présents à Nantes pour un concert, firent une étape au camp d'entraînement des nouveaux champions de France. Leur entraîneur Jean Vincent accepta que les Wailers fassent un cinq contre cinq contre les Canaris dont Henri Michel. Les Nantais l'emportèrent de justesse 4-3 devant des Jamaïcains très précis dans leurs passes. Comme sur scène, Bob Marley était leader sur le terrain. Son doublé laissa admiratifs ses adversaires dont certains ne mesurèrent pas, sur le moment, la portée de l'événement de jouer contre l'un des plus grands musiciens du XXe siècle.

USAIN BOLT

Recordman mondial du 100 et 200 mètres

Le plus grand sprinter de l'histoire a souvent déclaré sa flamme olympique à Manchester United dont il est un fervent supporter. Le Jamaïcain a même eut des velléités d'y évoluer au poste d'ailier. Pour lui faire plaisir, sir Alex Ferguson le convoqua au centre d'entraînement de MU au milieu de Wayne Rooney, Ryan Giggs et Paul Scholes. Bolt était radieux, transformé en simple fan. La belle opération resta sans lendemain car après le départ de « Fergie », Bolt n'a plus eu envie de jouer avec MU passé alors sous le pavillon austère de Louis van Gaal. Pour rester poli, il déclara : « L'Angleterre ne me convient finalement pas, il y fait trop froid. »

MICHAEL JACKSON

(1958-2009).
Chanteur de pop

Le jour où le musicien a revêtu le maillot de l'OGC Nice de la saison 1979-1980 reste une énigme même pour le plus habilité de ses biographes. Le photographe Todd Gray a réalisé le portrait dans la propriété de « Bambi », près de Los Angeles, en 1983, après le triomphe planétaire de Thriller. Le chanteur a choisi de mettre le maillot du « Gym » de son plein gré. Qui le lui a offert ? Connaissait-il le mot chaussettes ? A-t-il cru que l'Olympia était le music-hall jadis dirigé par Bruno Coquatrix ? Impossible de trancher mais le cliché fait la fierté des Niçois.

D'AUTRES ARTISTES AU GÉNÉRIQUE

les acteurs Harry Baur, Albert Préjean, Gérard Philipe, Jean-Paul Belmondo et Michel Gababru ;
les musiciens Elton John, Rod Stewart et Nick Hucknall ;
les écrivains Jean Prévost, Vladimir Nabokov, Georges Perros, Vila-Matas, Eduardo Galeano, Peter Handke...

Le hit-parade des PUNCHLINES

Chambrer fait partie du football. Des adversaires, oui. Des ennemis, non. Taquiner avec plus ou moins de force est la dernière expression de la spontanéité dans le football moderne ultra contrôlé par les agents et autres spécialistes de la communication. La phrase-choc dit souvent des vérités, d'où leur force et leur pérennité.

LE BALLON EST UNE BELLE CHOSE, MAIS IL NE FAUT PAS OUBLIER QUE C'EST UN MORCEAU DE CUIR REMPLI D'AIR.

GIOVANNI TRAPATTONI, ANCIEN SÉLECTIONNEUR DE L'ÉQUIPE D'ITALIE

LE FOOTBALL EST MOINS DRAMATIQUE QUAND IL EST PRATIQUÉ PAR CEUX QUI SAVENT.

MARCELO BIELSA

LE FOOTBALL EST UN SPORT SIMPLE, RENDU COMPLIQUÉ PAR DES GENS QUI N'Y CONNAISSENT RIEN.

BILL SHANKLY (1913-1981), ENTRAÎNEUR DE LIVERPOOL

QUAND LES MOUETTES SUIVENT UN CHALUTIER C'EST QU'ELLES PENSENT QU'ON VA LEUR JETER DES SARDINES.

ÉRIC CANTONA

SI ON AVAIT SU QUE TOUT ÇA FINIRAIT PAR BARTHEZ EMBRASSANT UN MCDONALD'S ON SE SERAIT MÉFIÉS... »

JEAN-LUC GODARD, CINÉASTE (*À BOUT DE SOUFFLE*, *PIERROT LE FOU*...)

QUAND UN JOUEUR SE CROIT SUPÉRIEUR AU CLUB, IL EST TEMPS DE LE VENDRE.

SIR ALEX FERGUSON, EX-ENTRAÎNEUR DE MANCHESTER UNITED

SI VOUS VOULEZ VOIR DU BEAU JEU, ALLEZ VOIR LES VÉTÉRANS.

DIDIER DESCHAMPS

LE FOOTBALL EST UN JEU OÙ VINGT-DEUX PERSONNES COURENT, JOUENT AVEC UN BALLON ET OÙ UN ARBITRE FAIT UNE QUANTITÉ D'ERREURS, ET À LA FIN L'ALLEMAGNE GAGNE TOUJOURS.

GARY LINEKER

ARRIVER DANS LA SURFACE ET NE PAS POUVOIR TIRER AU BUT, C'EST COMME DANSER AVEC SA SŒUR.

DIEGO MARADONA

CE QUE FAIT ZIDANE AVEC UN BALLON, MARADONA LE FAIT AVEC UNE ORANGE.

MICHEL PLATINI

SIR FERGUSON N'AURAIT JAMAIS RECRUTÉ MAROUANE FELLAINI.

MARCEL DESAILLY

ARSÈNE WENGER EST UN SPÉCIALISTE DE L'ÉCHEC. PAS MOI.

JOSÉ MOURINHO

SON PIED GAUCHE NE LUI SERT À RIEN, IL EST MAUVAIS DE LA TÊTE, IL NE SAIT PAS TACLER ET IL NE MARQUE PAS SOUVENT. À PART ÇA, DAVID BECKHAM N'EST PAS MAL.

GEORGE BEST (1945-2005)

LE MONDIAL EST LA COMPÉTITION LA PLUS FACILE À GAGNER CAR IL N'Y A QUE SIX RENCONTRES SANS MATCH RETOUR !

GARRINCHA (1933-1983)

NÎMES EN L1 JE NE SUIS PAS CONTRE. JE N'AI RIEN CONTRE LES DERBYS... À CONDITION DE LES GAGNER !

LOUIS NICOLLIN (1943-2017)

J'AIME BIEN QUE LES GENS ME SIFFLENT. LA HAINE DES AUTRES, C'EST MON MOTEUR.

CRISTIANO RONALDO

SI JE MARQUE, JE SUIS FRANÇAIS, ET SI JE NE MARQUE PAS, JE SUIS ARABE.

KARIM BENZEMA

ILS SONT SYMPAS, LES GARDOIS. CE SONT EUX QUI NOUS SAUVENT : GIRARD, MÉZY... ILS SONT CONS DE NE PAS LES AVOIR GARDÉS ! »

LOUIS NICOLLIN (1943-2017)

DIEGO MARADONA

L'insoumis éternel

★

Le joueur dégageait le fluide des immenses artistes. Longtemps il a été le porte-drapeau des sans-grade qui rivalisent avec les grandes puissances. On a même voulu le faire passer pour un général argentin en mission pour chasser les Britanniques des îles Malouines.

« Je veux gagner la Coupe du monde » dit le gamin qui sent le bidonville. Maradona est le dernier grand footballeur dont les photos d'enfance sont en noir et blanc. La terre entière dit ce qu'il a dit mais lui seul a réalisé son rêve. Sur le film, l'image de mauvaise qualité nous montre le petit Diego en train de jongler du pied gauche. Un jonglage sans fin, d'une précision inouïe. Il fait des têtes aussi, avec des contrôles au millimètre. Dans le dos, il est frappé du n° 10. Tout l'avenir était déjà présent. Les lettres argentines ont eu Jorge Luis Borges. Le football argentin a eu Diego Maradona. Le ballon est un verbe que Maradona a conjugué comme personne avant lui. À son apogée, il avait du feu dans les jambes. En Argentine ou à Naples, on le touchait comme on touche la Pietà. Capable de tous les exploits, il savait aussi marquer de la main s'il n'y avait pas d'autres façons de parvenir à tromper le gardien.

Le quidam veut que le champion se comporte comme l'homme de la rue mais c'est impossible, à moins d'avoir une sagesse de vieux philosophe antique. Maradona est le contraire de Pelé. L'un ne soigne pas son image : on l'a connu gros, énorme, bouffi, les cheveux de couleur orange, ivre, plein de cocaïne, avec un énorme cigare, près de Fidel Castro... Comment est-il toujours vivant ? Et surtout comment fait-il pour vivre sans football ? Cela revient à dire à Beethoven : la musique c'est fini ! À Rembrandt : faut fermer l'atelier ! Maradona est le seul joueur au monde à mettre le maillot de sa sélection dans les tribunes. Personne n'a jamais vu Beckenbauer avec le maillot de la Mannschaft depuis qu'il a raccroché les crampons. Malgré les ans, Maradona n'a pas oublié d'où il venait. L'ex-enfant pauvre reste attaché à son milieu d'origine pour ne pas renier son enfance. En vieillissant, il ressemble de plus en plus à son père.

Au temps de son règne, il avançait sur le terrain, toisant l'adversaire avec la certitude de le passer. Le bluff n'existait pas chez lui. Rien que de la rouerie. Avant d'être une star iconique des Napolitains, Maradona a séjourné en Catalogne qui fut une machine à fabriquer de mauvais souvenirs : cheville fracturée, hépatite virale... À Naples, entre 1984 et 1991, grand animateur de la Serie A, il a fait gagner aux Napolitains deux championnats (1987 et 1990) et la Coupe UEFA 1989 : les trois plus grands titres du Napoli qui depuis n'a plus que les yeux pour pleurer. L'icône des Napolitains l'a été aussi des Argentins qui ne s'en sont jamais remis puisque Messi ne parvient pas à chasser le fantôme de Maradona du vestiaire de l'Albiceleste. Le sacre mondial 1986 a été conquis pas Maradona. En 1990, l'Allemagne l'a battu en finale de la Coupe du monde grâce à un penalty imaginaire. Comme il s'opposait toujours à la FIFA, Maradona avait entamé le combat du pot de terre contre le pot de fer. Pendant toute son activité de joueur, il avait de l'influence pour faire basculer le match dans son camp avec l'aide de son algèbre qui consistait à marier la technique à la vitesse.

LES MONUMENTS DU FOOTBALL *ont leur statue*

L'Angleterre et l'Amérique du Sud traitent les footballeurs comme tous ceux qui font la renommée de leur pays, militaires, savants, écrivains, peintres et musiciens. Tous les pays latins érigent des statues pour fêter leurs grands joueurs, sauf la France dont l'ostracisme dévalorise le sport.

Le sport n'a pas la même symbolique partout. L'Angleterre n'est pas ingrate avec ses champions dont les bustes et les statues fleurissent aux abords des stades. Les Anglais poussent la délicatesse jusqu'à honorer les grands joueurs de leur vivant. Ainsi **Thierry Henry** a sa statue (ci-contre) près du stade d'Arsenal où il est figé à genoux pour l'éternité, dans sa posture de célébration de but. Le Français, meilleur buteur de l'histoire des Gunners, est statufié en bronze à Londres et pas en France, alors qu'il détient le record de buts sous le maillot frappé du coq. Le manager Arsène Wenger, lui, a droit à son buste à l'intérieur du siège d'Arsenal.

Nul n'est prophète dans l'Hexagone, même pas Raymond Kopa. À la mort du Ballon d'or 1958, Angers a débaptisé son stade Jean-Bouin au profit de l'ancien joueur angevin. À l'origine l'enceinte s'appelait Julien Bessonneau, patronyme de son créateur. Lot de consolation : une tribune porte le nom de l'ex-coureur de fond mort pour la France en septembre 1914. Une sommité chasse l'autre, ce n'est pas très élégant. Reims serait bien inspiré de statufier Kopa, son leader des grands jours.

Dès qu'on arrive à Old Trafford, on respire le football et le respect de ceux qui ont fait l'histoire de Manchester United. Les trois Ballons d'or sont statufiés ensemble, grandeur nature comme au temps de leurs exploits : **« The Trinity United. Best, Law, Charlton »** (ci-dessous). Non loin, on découvre la présence des deux entraîneurs charismatiques : sir Matt Busby, ballon à la main, et **sir Alex Ferguson** (ci-contre), bras croisés. Deux répliques plus vraies que nature. Busby n'a pas vu la sienne tandis que Ferguson a inauguré son double. Deux rues proches du « Théâtre des rêves » célèbrent aussi leur passage à MU. D'évidence, Éric Cantona aura droit, à son tour, à l'hommage du club qu'il a réveillé dans les années 1990.

À Newcastle, la famille de sir Bobby Robson (1933-2009) est fière de la statue de l'ex-manager des Magpies qui accueille les fans à St James' Park. L'ex-sélectionneur de l'Angleterre n'y a remporté aucun trophée entre 1999 et 2004. C'est dire la place du football dans le cœur des Anglais.

Le milieu de terrain Billy Bremmer (1942-1997), est statufié devant le stade d'Elland Road, à Leeds où il joua de 1959 à 1976, avant d'en devenir l'entraîneur (1985-1988).

Le défenseur central **Bobby Moore** (1941-1993), champion du monde 1966, est immortalisé devant le nouveau stade de Wembley. Il est présent avec Geoff Hurst, Martin Peters et Ray Wilson ses anciens partenaires, devant le stade de West Ham, dans la banlieue est londonienne.

Le milieu offensif Carlos Valderrama a son double à Santa Marta (Colombie) sous la forme d'un géant de 6,5 m. Sa crinière blonde est confectionnée avec des fils de cuivre.

La statue d'Alfredo Di Stefano (1926-2014) est présente dans le camp d'entraînement du Real Madrid, histoire de rappeler l'excellence aux joueurs de la Maison Blanche.

Le tant aimé Diego Maradona a son clone inaltérable dans le musée de Boca Juniors (Argentine) afin de dissuader les voleurs.

L'Islandais Albert Gudmundsson (1923-1994) est installé devant la Fédération islandaise de football à Reykjavik. Ce fut un pionnier des transferts (Arsenal, Milan AC, RC Paris, Nice...).

Eusebio (1942-2014), le buteur d'anthologie de Benfica, est statufié bien en place près du stade de Luz, à Lisbonne.

Lev Yachine (1929-1990), élu meilleur gardien du xxe siècle, est confirmé à ce poste devant le stade du Dynamo Moscou que sa présence massive protège au-delà de la mort.

Pelé, détenteur de plusieurs records détient aussi celui du nombre de statues en son honneur : trois à Três Corações, sa ville natale au Brésil. Sa glorification est aussi présente en Inde, au Gabon, en Ukraine...

Cristiano Ronaldo n'a laissé le soin à personne d'honorer sa stratosphérique carrière. Il a installé sa statue devant son propre musée à Madère. L'aéroport de son île natale, qui porte le nom du Portugais, abrite son buste pas des plus fidèles à l'original. Cela n'empêche pas ses fans de faire des selfies.

Zidane a eu les honneurs d'un sculpteur, fait rarissime pour un Français. Dans une posture qui fit couler beaucoup d'encre, suite à son coup de tête à Marco Materazzi, en finale de la Coupe du monde 2006. La sculpture a été exposée devant le Centre Pompidou avant d'être conduite en Italie pour finir à Doha (Qatar).

Les Chinois ont la folie des grandeurs : pour commémorer la qualification de la Chine au Mondial 2002, les autorités du régime ont commandé quarante-quatre statues des joueurs et du staff. Tout ça pour une élimination dès le premier tour. Une manière de se connecter avec l'histoire du pays puisqu'il existe des statuettes qui représentent des joueurs de cuju, sport qui se jouait avec une boule de cuir entre 770 et 476 av. J.-C.

Le pied d'Uwe Seeler apparaît sous la forme d'une statue de plus de 5 mètres devant le stade de Hambourg, club où il a inscrit près de 500 buts. Un pied foudroyant.

D'AUTRES JOUEURS STATUFIÉS DANS LEUR INSTANTS DE GLOIRE

Vivien Foé (Cameroun) ; László Kubala et Ferenc Puskàs (Hongrie) ; Helmut Rahn (Allemagne) ; Duncan Edwards, Peter Osgood et Tony Adams (Angleterre) ; Pedro Miguel Pauleta (Portugal) ; Romario (Brésil) ; Andrés Escobar (Colombie) ; Zico (Brésil, honoré au Japon) ; Gareth Bale (Pays-de-Galles).

Les joueurs qui ont UN COUP DANS L'AILE

L'alcool est un sujet tabou mais certains joueurs ne cachent pas leur ravageur penchant. Georges Best reste le plus célèbre des boit-sans-soif. Dans ce palmarès des leveurs de coude, figure Paul Gascoigne. La modération ne fait pas partie du vocabulaire de ceux qui brûlent leur vie par les deux bouts.

Les joueurs qui boivent, trop et pas que de la limonade, font le bonheur des gazettes mais les principaux intéressés sont des victimes de l'alcoolisme. George Best, mort à 59 ans, a beaucoup fait la fiesta, beaucoup trop tôt. Tout n'a pas été une partie de plaisir dans sa vie. L'embêtant avec la fête, c'est le lendemain qui ressemble souvent à une défaite. « On boit ensemble mais on est saoul tout seul » a écrit Antoine Blondin. Sir Alex Ferguson – amateur de grands vins français – a expliqué que de nos jours, Manchester United ne laisserait plus un joueur se détruire sous ses yeux. Cela reste à prouver car en Angleterre personne n'a pu empêcher **Paul Gascoigne** de s'autodétruire alors qu'il appartient à une autre génération que celle de Best. On ne compte plus les esclandres provoqués par Gascoigne, l'ancien milieu de terrain de Newcastle et de Tottenham. Le 20 février 2008, il fut arrêté et placé dans un hôpital psychiatrique, sous surveillance, au vu de la loi britannique sur la santé mentale. L'international, sélectionné 57 fois sous le maillot aux Trois Lions, se plaint souvent de n'être plus vu que comme un people, soulignant le poids de la notoriété qui l'empêche de vivre normalement. Dans ses graves crises autodestructrices, « Gazza », homme si attachant, est réduit au rang de maladif consommateur de whisky et de cocaïne, claquemuré dans une chambre d'hôtel, obnubilé par sa console Wii, dévorant du foie cru, « traitement bénéfique pour mon sang » assure-t-il. Délaissé par les siens, il lui est arrivé de présenter à ses visiteurs des perroquets électriques en plastique, traités en « amis proches ». Ces bestioles robotiques répètent selon l'endroit où on les presse : « Donne-moi un baiser ! » ou « Va te faire mettre ! ». Paul Gascoigne a ouvert un jour la porte, à poil, avec écrit sur le front : « Fou ». L'artiste n'a pas su vivre au terme d'une carrière de très grande classe. Capable de roter devant les micros, pour unique réponse à son malaise, Gascoigne ne fait plus rire, même si l'on n'a pas oublié son arrivée à la Coupe du Monde 1990, doté d'une fausse paire de seins, pour singer les starlettes qui débarquaient alors en Italie. Le joueur à l'impeccable conduite de balle s'est laissé désagréger par son grain de folie. D'autres joueurs ont déclaré vouloir s'en sortir : tel le défenseur international Tony Adams –capitaine emblématique d'Arsenal – qui a œuvré dans Sporting Chance, une clinique soutenue par un autre Gunner, Paul Merson, dans le but d'aider les joueurs à la dérive. En Angleterre, il y a une culture festive de la boisson. La police est si sévère avec l'alcoolisme au volant que les footballeurs rentrent chez eux en taxi les soirs de java.

La France n'est pas épargnée par les excès éthyliques : **Gunnar Andersson** (1928-1969) a fini dans la déchéance après une immense carrière à Marseille, dont il reste le meilleur buteur avec 185 buts en huit saisons. Le glorieux attaquant s'est intoxiqué au pastis, cette « petite boisson jaune distillée par le diable ». Le champion suédois a tenu un bar – Dégustation – dans le quartier de Mazargues avant de sombrer dans la clochardisation, au point de mourir dans la rue, près du Vieux-Port. Dans sa poche, on retrouva un ticket pour OM-Dukla Prague, match de Coupe des Coupes qu'il ne verra jamais. Le grand champion est enterré au cimetière phocéen Saint-Pierre. Dans cette terre qu'il a illuminée le temps de son passage au Vélodrome.

Les plus belles frappes verbales de George Best

JE RENDRAI TOUT LE CHAMPAGNE QUE J'AI BU POUR JOUER UN MATCH EUROPÉEN AVEC LUI À OLD TRAFFORD.

AU TEMPS DE L'APOTHÉOSE D'ÉRIC CANTONA À MANCHESTER UNITED.

J'AI DÉPENSÉ 90 % DE MON ARGENT DANS L'ALCOOL, LES FILLES ET LES VOITURES DE SPORT - LE RESTE, JE L'AI GASPILLÉ.

EN 1969 J'AI ARRÊTÉ LES FEMMES ET L'ALCOOL, ÇA A ÉTÉ LES 20 MINUTES LES PLUS DURES DE MA VIE.

J'ARRÊTE DE BOIRE, MAIS SEULEMENT QUAND JE DORS.

J'AVAIS UNE MAISON AU BORD DE LA MER*. MAIS POUR ALLER À LA PLAGE, IL FALLAIT PASSER DEVANT UN BAR. JE N'AI JAMAIS VU LA MER.

* LORS DE SON PASSAGE AU LOS ANGELES AZTECS

DIX HEURES POUR QUARANTE PINTES, J'AI BATTU MON RECORD DE 20 MINUTES

APRÈS SA GREFFE DU FOIE EN 2002 QUI A NÉCESSITÉ UNE TRANSFUSION DE 20 LITRES DE SANG.

D'AUTRES COMPAGNONS DE BRINGUE

Helmut Rahn (1929-2003), Brian Clough (1935-2004), Robin Friday (1952-1990), Gerd Müller, Sócrates (1954-2011), Jimmy Greaves, Adriano, Adrian Mutu, Maradona, Ronaldinho, Roy Keane, Wayne Rooney...

LES DUETTISTES *inséparables*

Dans les équipes qui marquent leur époque, il y a souvent un duo de joueurs, en défense ou en attaque, qui sont d'authentiques métronomes. Des régulateurs de jeu. Des dépositaires de l'identité particulière qui fait la force de leur équipe, à telle date à tel endroit.

NÍLTON SANTOS (1925-2013) DJALMA SANTOS (1929-2013)

Brésil

Les deux homonymes n'ont aucun lien de parenté à part le talent qui les unit. Nílton de Rio de Janeiro jouait à Botafogo et Djalma de São Paulo jouait à Portuguesa puis à Palmeiras. Ensemble, ils se retrouvaient pour défendre les couleurs du Brésil avec une dévotion totale. Leurs performances répétées contribuèrent à faire gagner les deux premières Coupes du monde à leur pays (1958 et 1962). Ils savaient contrer, feinter et relancer en direction de leurs attaquants aux anges d'avoir une pareille assise défensive. La mort les a réunis comme au temps de leur apogée.

FERENC PUSKÁS ALFREDO DI STEFANO

Real Madrid

Le duo a enchanté Madrid à une époque où il fallait être présent dans le stade pour voir le match. Madrid s'arrêtait de vivre quand les deux artistes étaient sur la pelouse. Il fallait tout quitter pour assister à leurs tours de passe-passe. Les magiciens œuvraient avec une grâce infinie. Le public voyait des gestes jamais vus. Un opéra de l'œil dont ils écrivaient la partition sous leurs yeux. Di Stefano et Puskás ne jouaient jamais en playback.

GARRINCHA PELÉ

Brésil

Les deux joueurs au firmament du football brésilien n'ont jamais perdu ensemble. Aucun autre duo n'est parvenu à cette statistique inimaginable avant leur entente cordiale malgré deux personnalités différentes. Constructeur de sa propre statue, pionnier dans tout, Pelé (le poste d'aiguillage) est devenu un homme d'affaires. Dans le même temps, Garrincha (l'électron libre) a refusé de jouer au grand homme et a été happé par toutes les tentations sans jamais résister à aucune. Une réalité : quand Pelé a quitté la Coupe du monde 1962 sur blessure, Garrincha a assuré l'intérim pour la gagner.

RAYMOND KOPA JUST FONTAINE

Stade de Reims

Ils ont remporté ensemble deux championnats de France (1960 et 1962). Raymond Kopa organisait le jeu pour le bien des Rémois et de l'équipe de France, à la recherche de Just Fontaine, qui en Coupe du monde 1958 surprit les équipes du tournoi parce qu'il était inconnu. Kopa montait dans le camp d'en face pour éclairer le jeu d'une passe bien dosée vers le buteur maison qui se faisait un devoir de marquer, à la plus grande satisfaction de Kopa qui n'aimait pas que ses passes décisives se perdent dans la nature. Et quand ce n'était pas Kopa qui donnait des passes en or, Roger Piantoni s'y attelait. Fontaine avait l'embarras du Roi !

BOBBY MOORE JACKY CHARLTON

Angleterre

Les deux champions du monde 1966 se complétaient aussi bien que les deux pôles d'une pile. Chacun son tour, il récupérait le ballon et donnait à l'autre pour relancer l'équipe d'Angleterre. Une chanson de gestes, un film sans parole à séance permanente. Grand de taille, Charlton reprenait des ballons de la tête qu'il déposait dans les pieds de son capitaine qui savait mieux les exploiter. L'équipe aux Trois Lions n'a jamais trouvé que des lionceaux pour les remplacer.

JOSIP SKOBLAR ROGER MAGNUSSON

Marseille

En peu de saisons, les deux joyaux de l'attaque de l'OM ont marqué l'histoire phocéenne avec deux championnats (1971 et 1972) plus la Coupe de France 1972, autant de trophées conquis grâce à leur complicité ludique. Le Croate avait le punch des buteurs de très gros calibre et le Suédois possédait une gamme de dribbles à faire pâlir Garrincha. Voir jouer ensemble Skoblar et Magnusson c'était comme écouter Bob Dylan et Eric Clapton chanter et jouer de la guitare. Une fête des sens.

RACHID MEKHLOUFI SALIF KEÏTA

Saint-Étienne

Les deux champions se sont retrouvés peu de fois sur le front de l'attaque des Verts – c'est presque un fantasme – mais cela a suffi pour établir l'échange capital de témoin entre le passé et le futur de l'ASSE. Pour ne pas perdre de temps, ils ont joué sur le même tempo : celui qui consiste à bien vivre le présent. Dix ans les séparent mais leur talent respectif les rapproche. Au cours de leur unique saison à Saint-Étienne, le club réalise le doublé en 1968. Mekhloufi a participé grandement à l'éclosion de la nouvelle star de la L1. Il pouvait partir et laisser les clés de la maison au Malien qui à son arrivée a fait en taxi Orly-Saint-Étienne comme si le Forez était en banlieue parisienne. Une course gagnante.

MARIUS TRÉSOR JEAN-PIERRE ADAMS

Équipe de France

Les deux joueurs ont formé la fameuse « garde noire » qui promettait énormément : les deux joueurs dégageaient beaucoup de puissance naturelle alliée à une solide technique. Lors de sa première sélection, lors de France-Afrique (2-0), le 15 juin 1972, Jean-Pierre Adams a remplacé Marius Trésor à la 78e minute. Ce premier croisement a donné l'idée à Georges Boulogne de les associer le 18 juin 1972 lors de France-Colombie (3-2) à Salvador de Bahia. La charnière centrale fut la première pièce du puzzle de reconstruction des Bleus qui vivaient une période instable. De 1972 à 1976, Adams connut deux autres sélectionneurs (Ştefan Kovács et Michel Hidalgo). Trois mois avant la grande aventure française à la Coupe du monde 1982, Jean-Pierre Adams, 34 ans, a subi une opération qui l'a plongé dans un coma sans fin. Depuis sa femme veille sur lui.

BARRY HULSHOFF HORST BLANKENBURG

Ajax Amsterdam

On parle souvent des attaquants de l'Ajax à l'époque de sa splendeur mais sa défense était aussi de grande tenue, très hermétique. Le duo défensif Hulshoff-Blankenburg a remporté trois Coupes d'Europe des clubs champions (1971, 1972 et 1973). Ils formaient une charnière centrale que tous les clubs européens admiraient, enviaient et essayaient de copier. Vœux inexaucés car la vista, l'autorité, l'art de l'interception et le courage, cela ne s'apprend pas dans les centres de formation.

MICHEL PLATINI ZBIGNIEW BONIEK

Juventus de Turin

Il y a des frères de sang, eux sont des frères de cerveau, et de cœur aussi. Les deux joueurs, arrivés en même temps à Turin, n'ont pas mis longtemps à s'entendre. Le football est une langue vivante qu'un Français et un Polonais parlent instantanément s'ils respirent le football. Ce fut le cas : très vite on a vu les deux footballeurs faire des figures de style avec la victoire pour projet unique. Quand on joue au football, mieux vaut gagner, cela évite d'être de mauvaise humeur. L'altruiste Boniek donnait des bons ballons à son ami qui les transformaient en buts. Et c'est ainsi que Platini finit trois fois meilleur buteur de Serie A. Leur union dura de 1982 à 1985, le temps du passage de Boniek à la Juve. L'association de bienfaiteurs permit à la Juve de gagner en 1984 : le championnat d'Italie, la Supercoupe de l'UEFA et la Coupe d'Europe des vainqueurs de coupe. Avec en plus la Coupe d'Italie 1983 et la Coupe des clubs champions européens 1985, la pire de toutes mais ils n'y sont pour rien.

RIO FERDINAND NEMANJA VIDIĆ

Manchester United

Ils semblaient ne faire qu'un, sorte d'homme à deux têtes. Vidić a été vite surnommé « Terminator » du fait de ses interventions musclées tandis que Ferdinand, jouant plus sur l'intimidation, affichait un jeu très dosé afin de ne pas commettre de faute. Sir Ferguson a construit beaucoup de succès sur ce socle défensif. Manchester United a commencé à perdre son hégémonie dès lors que le duo a pris sa retraite ultra méritée.

FRANCO BARESI PAOLO MALDINI

Milan AC

L'aîné a servi de modèle au plus jeune. Sans rien dire, Baresi lui a montré comment on doit se comporter dans un match : réprimer les réactions intempestives, ne penser qu'au jeu. Maldini a appris que la volonté est l'essence des joueurs les mieux préparés. Leur pedigree au Milan AC est la preuve que la fidélité n'est pas qu'un mot : Maldini (1978-2009) 902 matchs, 33 buts. Baresi (1977-1997) 719 matchs, 33 buts. Sous le maillot de la Squadra Azzurra, Maldini (126 sélections) a aussi distancé Baresi (81). Ils ont un palmarès à faire pâlir d'envie 97 % des joueurs. Au rayon négatif, ils ont perdu la finale de la Coupe du monde 1994 contre le Brésil, aux tirs au but (3-2). Maldini n'a pas tiré mais Baresi, lui, a raté le sien, le premier… comme s'il n'avait pas donné le bon tempo. Pendant toute la finale aux États-Unis, les deux Italiens avaient eu de la grinta à revendre. Maldini ne fut pas plus heureux à l'Euro 2000, battu en finale par la France.

XAVI ANDRÉS INIESTA

Barcelone

1 + 1 = 2. Cette addition basique fut l'élément déterminant dans la période hégémonique du Barça. Les deux joueurs 100 % maison avaient une complicité de chaque instant. On eut dit deux jumeaux qui se connaissaient par cœur. Le fait d'avoir fait leur gamme ensemble faisait gagner du temps à l'équipe. Ils pourvoyaient en caviar leur ami Lionel Messi, le plus Espagnol des Argentins. D'une correction inouïe, Xavi autant que Iniesta ne perdaient pas leur concentration dans de vaines discussions avec l'arbitre. Ils jouaient et vivaient chaque action comme si c'était déjà la fin du match. Pas question de gaspiller.

RACHID MEKHLOUFI

Un rebelle gentleman

★

Maître du contre-pied, Rachid Mekhloufi a été un meneur de jeu constant et non pas épisodique. Le deuxième meilleur buteur des Verts (152 buts) est aussi devenu un rebelle servant la cause du FLN.

Grand joueur, grand homme. Rachid Mekhloufi a marqué son temps partout où il est passé. Né le 12 août 1936 à Sétif, le fils d'auxiliaire de Police joue si bien au football qu'un pionnier des agents de joueurs le conseille à Saint-Étienne. L'entraîneur Jean Snella (1914-1979) est séduit d'emblée par les qualités du jeune homme de 18 ans, rusé comme un vieux briscard. Dès son arrivée dans le Forez, en 1954, il progresse et fait faire des bons de géant aux Verts. Lors de ses deux premières saisons, le stratège marque 9 puis 25 buts. La troisième saison, il marque à nouveau 25 buts qui contribuent à offrir à l'ASSE son premier titre de Champion de France (1957). La même année, sélectionné en équipe de France, il devient champion du monde militaire. L'international tricolore a toutes les qualités : exceptionnel technicien, distributeur de passes en or, redoutable finisseur, toujours prêt physiquement pour les matchs à haute intensité et gagneur sans être méchant envers ses adversaires. Après une escapade au Servette de Genève où il alla retrouver Jean Snella, le duo joueur et entraîneur remit le cap sur Saint-Étienne pour regagner deux autres championnats (1964 et 1967), dix ans après leur premier succès commun. Quand Jean Snella cède sa place à Albert Batteux, le nouvel entraîneur réalise aussitôt le doublé en 1968 avec Meklhloufi toujours aussi déterminant : en championnat, Saint-Étienne finit leader avec 11 points d'avance sur son dauphin, Nice, et en finale de la Coupe de France, les Verts battent Bordeaux (2-1) grâce au doublé... de Mekhloufi ! Le plus grand joueur de l'histoire des Verts quitte Saint-Étienne par la grande porte. Il fut aussi celui qui fit découvrir à l'ASSE la Coupe d'Europe des clubs champions en 1957-1958 : 16ᵉ de finale retour Saint-Étienne-Glasgow Rangers (2-1), la victoire n'a pas suffi car il y avait une défaite à l'aller (3-1). Mission totalement accomplie, Mekhloufi partit finir sa carrière à Bastia. Ses exploits dans le football français ne lui firent pas oublier qu'il était né en Algérie. À la mi-avril 1958, avec plusieurs amis footballeurs dont Mustapha Zitouni, Abdelaziz Ben Tifour et Hassen Chabri, trois joueurs de Monaco, Mekhloufi décide de quitter le confort de la D1 pour rejoindre le FLN, mouvement indépendantiste fondé en 1954. Tous les volontaires ont décidé de doter l'Algérie de sa première équipe nationale. Pendant quatre ans, les courageux jouent partout où c'est possible – surtout dans le bloc communiste – afin d'être le porte-drapeau de l'Algérie indépendante, malgré l'hostilité de la FFF et de la FIFA. De joueur il passa sélectionneur pour remporter les jeux Méditerranéens 1975, au plus grand désarroi de la France vaincue 3-2 en finale, à Alger. Le formateur Mekhloufi transmet son savoir à la génération montante qu'il conduit à la Coupe du monde 1982 en Espagne où Mustapha Dahleb, Lakhdar Belloumi, Rabah Madjer et Salah Assad battent 2-1... la RFA ! Pour empêcher l'Algérie d'atteindre le second tour de la compétition, le match Allemagne-Autriche (1-0) fut une rencontre arrangée entre les deux nations qui ont, par ce score, éliminé les Algériens. Un spectacle qui affligea Meklhoufi, homme d'honneur.

Les rocs de LA DÉFENSE

Les défenseurs, latéraux ou centraux, libéros ou stoppeurs sont des joueurs qui élaborent la fondation d'une équipe. Sans eux, aucun édifice ne fait longtemps illusion. Une ossature digne de ce nom a besoin d'une base solide pour alimenter de ballons les joueurs placés aux avant-postes. Les plus forts mentalement aiment passer à l'abordage pour aider leurs partenaires à marquer.

BILLY WRIGHT

Wolverhampton Wanderers FC

Le défenseur historique du club des Midlands de l'Ouest, où il joua près de 550 matchs, a sa statue devant le stade du club qui l'a fait débuter dès ses quinze ans. Au cours de deux décennies de fidélité, l'international aux 105 sélections remporte trois championnats avec les « Wolfes » : 1954, 1958 et 1959. Après son départ, le club ne parvient plus jamais à être la première équipe d'Angleterre. Un stoppeur de cette catégorie cela ne court pas les terrains.

JOSÉ SANTAMARÍA

Real Madrid

Avec cinq championnats et trois Coupes d'Europe des clubs champions (1958, 1953 et 1960), le natif de Montevideo fut un libéro d'une énergie éclatante ne confondant pas agressivité avec agression. Il faisait autant de bien en défense que Di Stefano en attaque. Avant de se faire naturaliser espagnol, il fit une moisson de titres en Uruguay (au Nacional). La montagne humaine a deux versants aussi glorieux l'un que l'autre.

CLAUDIO GENTILE

Juventus de Turin

Surnommé « Kadhafi » parce qu'il est né à Tripoli, le défenseur historique de la Juve a gagné six championnats entre 1975 et 1984. Le champion du monde 1982 avait l'avantage d'être précédé par sa réputation en raison de son caractère bien trempé. Il avait pour spécialité de marquer à la culotte les joueurs les plus réputés de la planète qu'il réduisait souvent au rôle de figurant.

ROBERT JONQUET

Stade de Reims

Calme même dans les situations périlleuses, le défenseur central du Stade de Reims, du haut de ses cinq titres de champion de France (1949, 1953, 1955, 1958 et 1960), plus deux Coupes (1950 et 1958), est parvenu deux fois en finale de la Coupe d'Europe des clubs champions (1956 et 1956) sans parvenir à battre le Real Madrid. En demi-finale de la Coupe du monde 1958, un tacle d'un Brésilien lui provoque une double fracture du péroné. Le héros refuse de sortir car les remplacements étaient interdits. Louis Hainaut, le soigneur historique des Tricolores, n'avait jamais vu un joueur avec autant de « cran ».

GIACINTO FACCHETTI

Inter Milan

Pilier de l'Inter Milan, le défenseur ne se contentait pas de rester dans sa zone. L'athlète portait sans cesse le danger dans le camp opposé, se transformant en ailier de débordement capable de centrer comme un ailier de métier. Avec 75 buts inscrits, le vice-champion du monde 1970 est mort au poste de président de l'Inter Milan, le club de sa vie.

CARLOS ALBERTO

(1944-2016)

Brésil

À l'identique de Facchetti et sans le connaître – c'était au temps d'avant la télévision – le défenseur latéral brésilien – on disait arrière – aimait monter dans le camp d'en face, redoutable contre-attaquant. Il débuta à Fluminense avant d'aller jouer près de 450 matchs au FC Santos. Mythique capitaine des champions du monde 1970, le Carioca considérait que le ballon capté par ses soins appartenait déjà au passé, d'où son besoin récurrent de se projeter vers l'avant, le seul avenir possible.

FRANZ BECKENBAUER
Bayern Munich

Né après-guerre, le Munichois est un monument du Bayern. Qui dit Bayern dit Beckenbauer. Impérial, même dans ses occupations les plus anodines, le « Kaiser » en impose depuis qu'il est minime. Même quand il n'était pas une icône, les gens se taisaient quand ils le voyaient. Son charisme inné s'est amplifié suite à son palmarès : trois Coupes d'Europe des clubs champions (1973, 1974 et 1974), plus la Coupe du monde 1974. Sélectionneur de la Mannschaft, il conquiert le Mondial 1990. Avec le brassard, il était un meneur d'hommes et de jeu. Une tour de contrôle ambulante.

PAOLO MALDINI
Milan AC

Il est entré au Milan AC à 10 ans comme d'autres deviennent petit séminariste. De 1978 à 2009, il y joue plus de 900 matchs professionnels et gagne cinq C1 : 1989, 1990, 1994, 2003 et 2007. Avec celle gagnée par son père en 1963 cela fait six ! Chez les Maldini, on est champion d'Europe de père en fils, toujours au Milan AC. La Coupe du monde 1994 se refuse à Paolo Maldini aux États-Unis lors de la séance des tirs au but contre le Brésil. Peu bavard en public, le défenseur de très grande classe avait pour exemple Björn Borg, au sommet de son tennis quand son supporter italien avait une dizaine d'années. Le silencieux Borg a gagné les six finales de Roland-Garros qu'il a disputées. De quoi s'en inspirer.

DANIEL PASSARELLA
Argentine

Libéro dans l'Argentine du général Videla, il représentait le symbole de la liberté dans un pays cadenassé par la junte militaire. Il est capitaine de l'équipe d'Argentine championne du monde 1986, première étoile sur le maillot de l'Albiceleste. Son visage à la Charles Bronson correspondait à merveille à son jeu plein de fougue qui le portait bien souvent au-delà de son camp pour en faire un buteur redouté. Bon de la tête, le « Guerrier » tirait aussi des coups-francs avec force sans perdre de vue le fond des filets.

CARLES PUYOL
Barcelone

Pendant presque vingt ans, il fut le ministre de la défense de Barcelone, dégageant une assurance qui dégoûtait le plus inspiré des attaquants. Solide, il apportait le surnombre en attaque pour inscrire un but décisif. Le coéquipier de rêve a largement contribué à installer Barcelone sur la cime du football : six championnats entre 2005 et 2013, plus trois C1 (2006, 2009 et 2011). Champion du monde 2010 et champion d'Europe 2008, le Catalan aux 100 sélections avec la Roja s'est confectionné un palmarès royal.

LES DÉFENSEURS QUI ÉTAIENT D'ATTAQUE

Rudi Krol, José Nasazzi, Héctor Chumpitaz, Guiseppe Bergomi, Elías Figueroa, Paul Breitner, Oswaldo Piazza, Éric Gerets, Marius Trésor, Gaetano Scirea, Franco Baresi, Manuel Amoros, Alberto Tarantini, Lilian Thuram, Marcel Desailly, Laurent Blanc, Roberto Carlos, Jaap Stam, Rio Ferdinand, Nemanja Vidić, Cafu, Philipp Lahm...

LES PIT-BULLS qui montent la garde

Ils sont les plus mal-aimés du football parce que leur jeu rugueux appartient à la destruction du jeu adverse et non pas à la créativité positive de leur équipe. Cependant, ils règnent au milieu de terrain. Essuie-glace ou porteur d'eau, il faut des « ouvriers » pour abattre « la sale besogne ».

HARALD SCHUMACHER

ALLEMAGNE

En 1982, il a plus agressé Patrick Battiston que défendu la RFA. Pendant que le valeureux Français était inconscient, le gardien allemand s'amusait avec le ballon, narguant sa victime. Schumacher avait une fougue au-delà de la limite autorisée.

VINNIE JONES

ANGLETERRE

Sans jamais s'imposer dans un grand club, le milieu défensif s'est forgé une réputation de « chien enragé » qui était redouté par les attaquants qui devaient le subir tout le match. Sa violence ne rassurait pas ses clubs car son engagement risquait d'handicaper les siens à force d'être averti par les arbitres.

PATRICK VIEIRA

FRANCE

Les chocs Arsenal-Manchester United, à la charnière des XXe et XXIe siècles, commençaient dès l'entrée sur le terrain quand Vieira et Roy Keane se retrouvaient face à face. Pendant le match, les deux milieux de terrain sortaient bec et ongles pour défendre leur camp respectif.

BERTI VOGTS

ALLEMAGNE

« Chien de garde » qui faisait l'admiration de tous les entraîneurs, il valait mieux l'avoir dans son équipe que dans celle des autres. Lors de la finale de la Coupe du monde 1974, il a suivi Johan Cruyff comme une ombre, ne le quittant pas d'une semelle. À la fin du match, l'obscure Vogts a gagné alors que le lumineux Cruyff fut mis sous l'éteignoir.

NOBBY STILES

ANGLETERRE

Pendant longtemps, il joua édenté pour faire encore plus peur. Ce remarquable récupérateur est champion d'Europe 1968 avec Manchester United et champion du monde 1966. Aussi gentil dans la vie qu'effrayant sur un terrain.

DENNIS WISE

ANGLETERRE

Il était une vraie peste si un joueur l'avait sur le dos pendant le match. Impossible de s'en décoller tant il se transformait en sangsue. Compétiteur, gagneur, il n'abandonnait jamais celui qu'il devait surveiller. Un chantre de la provocation.

GENNARO GATTUSO

ITALIE

Au Milan AC et dans la Squadra Azzura, il était le déménageur en chef. Sa rage de s'imposer dans les duels faisait que les adversaires étaient déjà handicapés avant le début du match tant il pouvait rendre transparent le meilleur joueur qu'il chargeait.

PAUL SCHOLES

ANGLETERRE

Le joueur de club par excellence savait « marcher sur l'homme ». Il défendait et marquait, ce qui en faisait un joueur d'une rareté absolue. Sa vaillance, sa bravoure et son courage n'avaient pas d'équivalent pendant son activité. Une humilité jamais vue sur un terrain. Sa qualité de passe avait la précision d'un laser.

CLAUDE MAKELELE

FRANCE

En équipe de France et au Real Madrid, Zidane voulait toujours l'avoir à côté de lui. Pour que Zidane ait le ballon, il fallait que Makelele le récupère dans les pieds des adversaires. Relayeur de renommée mondiale, Makelele s'est imposé dans tous les clubs qui l'ont recruté.

RIO FERDINAND

ANGLETERRE

Défenseur central d'une rudesse absolue sans jamais faire de faute méritant un carton jaune ou rouge, il jouait aussi beaucoup avec son visage, adoptant les expressions d'un loup affamé. Son jeu d'une propreté constante dans la relance en fit l'un des meilleurs à son poste.

ILS SAVAIENT MONTRER LES CROCS

Hector Maison, Luis Fernandez, Cyril Rool, Hans van Breukelen, Graeme Souness, Hristo Stoitchkov, Lothar Matthäus, Ronald Koeman, Oliver Kahn, Éric Di Meco, Claudio Gentile, Nigel de Jong, Clarence Seedorf, Diego Simeone, Roy Keane, Alexandre Song...

LES REBELLES *indomptables*

À des degrés différents, ils sont sortis de la parade pour contester ce qui leur paraissait injuste, stupide. D'aucuns y ont perdu la vie, morts pour avoir défendu la liberté. Les footballeurs ne sont pas tous des pions que l'on se passe et se repasse selon la loi du marché. Il arrive que des footballeurs soient de grands citoyens.

CARLOS CASZELY

Chili

L'avant-centre aimait vivre dans son pays quand il était dirigé par Salvador Allende, puis au moment de la prise du pouvoir par la junte militaire, il se rebiffe contre le dictateur Augusto Pinochet. Au lieu de tirer avantage de sa notoriété, Caszely devient opposant.

PREDAG PAŠIĆ

Yougoslavie

Quand son pays se disloque pour ne plus être regroupé sous la bannière d'une union de Républiques populaires, il ouvre une école de football sous les bombes pendant le siège de Sarajevo. Dans les années 1990, le milieu de terrain reçoit tous les enfants des différentes populations de l'ex-Yougoslavie.

CRISTIANO LUCARELLI

Italie

Refusant le football bling-bling, le buteur toscan choisit de jouer à Livourne, sa ville natale, berceau du communisme italien depuis 1921. Des clubs lui font miroiter des grosses sommes d'argent, mais lui, fait passer l'amour du maillot avant les comptes en banque.

FERENC PUSKÁS

Hongrie

Le « Major galopant » ne revient pas dans son pays quand les chars soviétiques répriment l'insurrection hongroise en 1956. Deux ans plus tard, il signe au Real Madrid pour y connaître une seconde carrière retentissante. Toute sa vie, il fit porte ouverte chez lui pour héberger les prisonniers politiques. Puskás est né bon.

JOÃO SALDANHA

Brésil

Opposé aux militaires qui faisaient barrage à la démocratie au Brésil, l'ancien joueur de Botafogo, qui s'occupait de la sélection nationale avant la Coupe du monde, est dans le collimateur du pouvoir qui le licencie avant le départ pour le tournoi mondial au Mexique. Saldanha avait élaboré une équipe au « football hautement musical ». Sans lui, le Brésil fit entendre sa plus belle musique en 1970.

LUIGI MERONI

Italie

Dans l'Italie où il était interdit de divorcer, il vivait sans tenir compte du qu'en dira-t-on. L'ailier du Torino était connu pour être un playboy aux multiples conquêtes, de quoi faire des envieux. Il se laisse dévorer par sa vie privée, ce qui est nocif pour sa carrière. Le 15 octobre 1967 alors qu'il vient de fêter une victoire du Torino, il est fauché par une voiture. Meroni meurt de ses blessures et le chauffard deviendra plus tard président du Torino.

EDUARD STRELTSOV

URSS

Le milieu offensif du Torpedo Moscou, champion olympique 1956, a eu sa carrière anéantie par le KGB qui estimait que son football éclatant de beauté se mettait trop en évidence dans le collectif. Les communistes lui reprochaient d'être solitaire ! Pour le mettre au goulag, on l'accusa d'un viol au cours d'un fait divers monté de toutes pièces.

PAUL BREITNER

Allemagne

Il était fait pour jouer à l'Ajax Amsterdam et avec les Pays-Bas. Par sa naissance, il fut contraint d'évoluer au Bayern Munich et dans l'équipe de la RFA. Il avait le physique du rebelle mais aussi l'âme. Contre l'impérialisme, il était pour la défaite des États-Unis à la guerre du Viêt Nam. Le défenseur apôtre de la liberté a un palmarès de rêve. Il a tout gagné.

SÓCRATES

Brésil

À chaque match, il en profitait pour militer pour la paix dans le monde. Le médecin fut le plus politicien des footballeurs. Dans son club – Sport Club Corinthians Paulista – il instaura la démocratie pour inspirer tout le pays d'en faire autant et il y est parvenu. Bon vivant, il commit mille excès qui l'ont emporté à 57 ans. Le politique était aussi poète.

DIDIER DROGBA

Côte d'Ivoire

Loin des footballeurs égoïstes qui pensent que leur nombril est le centre du monde, le buteur refusa de jouer dans des stades où il y avait plus de mitraillettes que de drapeaux de supporters. Il s'appuya sur la pluralité de la sélection ivoirienne pour dire aux dirigeants politiques de cesser de se haïr.

DIDIER DROGBA

EDUARD STRELTSOV

CRISTIANO LUCARELLI

JOÃO SALDANHA

FERENC PUSKÁS

SÓCRATES

PAUL BREITNER

PELÉ

Avant Pelé, le football n'existait pas

★

La Coupe du monde 1958 a donné le coup d'envoi à la médiatisation du football. À partir de la victoire du Brésil, l'évidence fut de reconnaître que ce sport fascine les foules parce qu'il symbolise la joie de vivre. Celui qui incarnait le mieux la popularité mondiale du sport de masse était le jeune Pelé alors âgé de 17 ans.

L'hégémonie du Brésil en football ne s'est pas construite en trois jours. Il a fallu du temps aux Brésiliens pour démontrer leur sens du spectacle. En 1950, ils ont cru devenir champions du monde mais la réalité du terrain les a fait perdre en finale au Maracaña. Quatre ans plus tard, le quart de finale de la Coupe du monde 1954, Hongrie-Brésil (4-2), fut un match d'anthologie entre les deux nations phares du football. La tension était si forte que l'arbitre expulsa les Brésiliens Nílton Santos et Humberto, plus le capitaine hongrois József Bozsik. Le duel au sommet se termina en bagarre générale. Le Brésil a dû attendre 1958 pour enfin remporter la Coupe Jules Rimet. Cette réussite fut incarnée par la jeunesse de Pelé qui séduisit plus les journalistes que Garrincha, 25 ans.

En Suède, le prodige Pelé attira la lumière sur lui parce qu'à peine remis d'une blessure, il fit un retour ahurissant au sein du Brésil, auteur d'un triplé en demi-finale contre la France (5-2) et d'un doublé en finale, face à la Suède (5-2). Tout le jeu du Brésil était axé sur la Ginga, vocable appartenant au jargon de la capoeira pour désigner le « jeu de jambes » qui consiste à en faire passer une derrière l'autre pour déstabiliser l'adversaire. Pelé était un maître exécutant qui laissa bouche bée les spectateurs et... grande nouveauté, les téléspectateurs. La jeunesse éclatante de Pelé donna le coup d'envoi à la médiatisation mondiale du football. Le public, tous pays confondus, fut sous le charme de Pelé, en raison de son beau sourire après ses buts et ses larmes de joie quand il réalisa qu'il venait de conquérir pour le Brésil la première Coupe du monde.

Pelé fut considéré comme la pièce maîtresse d'une équipe qui apportait une nouvelle façon de pratiquer le football. Après le pragmatisme calculé du WM britannique, ce fut l'avènement du 4-2-4 révélé par la Hongrie de Puskás puis transcendé par le Brésil de Pelé. « Il est logique que le retour à la liberté, à l'astuce et à la fantaisie ait pris naissance dans le pays des violons tziganes pour se poursuivre dans celui des sambas », a signalé Jean-Philippe Réthacker, témoin de visu. Pelé a sorti le football du ghetto des pages sport. Tout à coup, la presse a compris que le public s'identifiait aux footballeurs comme aux acteurs. Les couvertures des magazines n'étaient plus réservées à Paul Newman et à Elizabeth Taylor. Dans la mythologie populaire, la Coupe du monde 1958, gagnée par Pelé, équivalait à un Oscar d'Hollywood. Toute la nouvelle commercialisation du football se concentra sur Pelé dont le nom devenait une marque. Il fit des jaloux : au tournoi mondial 1966, l'artiste est matraqué par le tâcheron João Pedro Morais lors de l'élimination du Brésil au premier tour face au Portugal (3-1). Quand il joua son dernier match avec le Brésil, le 18 juillet 1971, les Brésiliens crièrent : « Reste ! Reste ! » Le Brésil gagna contre la Yougoslavie 2-1 mais le match passait au second plan. On ne verra plus jamais Pelé dribbler avec son déhanchement si puissant. Le footballeur semblait être l'enfant d'un éléphant et d'une gazelle.

LES ÉQUIPES *mythiques*

BRÉSIL - 1970

Qu'est-ce qu'une grande équipe ? Un groupe qui a un beau football d'attaque avec si possible une façon particulière de jouer. Depuis un siècle, l'histoire a retenu des équipes qui ont imposé le WM, le 4-2-4 ou le 4-4-2. Il faut aussi des résultats. Elles ont toutes de très grands joueurs et aussi un entraîneur novateur.

AUTRICHE

Médaille d'argent aux jeux Olympiques : 1936
4e de la Coupe du monde : 1934

Platser – Cisar, Sesta, Wagner, Smistik – Urbanek, Zischeck, Bican, Sindelar, Schall, Viertl. Entraîneur : Hugo Meisl

Le sélectionneur, fils de banquier, mit en place le professionnalisme dans son pays puis inventa la Coupe Mitropa, l'ancêtre de la Champions League. L'Autriche (Wunderteam) sous ses ordres jouait en WM, un jeu de passes courtes avec le ballon au sol. Il révéla le gardien Rudi Hiden dit « Le Chat » et Matthias Sindelar, le meilleur footballeur autrichien : un avant-centre qui aimait être meneur de jeu.

HONGRIE

(1949-1956)

Médaille d'or au J.O. 1952

Gyula Grosics – Jenő Buzánszky, Mihály Lantos, József Bozsik, Gyula Lóránt – József Zakariás, Nándor Hidegkuti – Ferenc Puskás, Zoltán Czibor, Sándor Kocsis, Mihály Tóth. Entraîneur : Gusztáv Sebes

Le maillot grenat était respecté par l'Europe entière. Les Hongrois avaient un football si gracieux qu'il n'avait rien à voir avec la répression soviétique. Le 25 novembre 1953, les joueurs sélectionnés par Gusztáv Sebes ont laminé les Anglais (3-6) battus pour la première fois dans leur jardin de Wembley. Les Magyars avec leur stratège Puskás sont restés invaincus pendant quatre ans, le temps de marquer 132 buts en 31 matchs. Seuls les Allemands sont parvenus à les battre en finale de la Coupe du monde 1954. Il ne fallait pas qu'un pays communiste gagne. Quant à l'Allemagne, elle s'est servie de ce match pour se réhabiliter mondialement.

BRÉSIL

2 Coupes du monde : 1958 et 1962

Gilmar – Djalma Santos, Bellini – Nilton Santos, Zito, Peçanha – Garrincha, Didi, Vavá, Pelé, Zagallo. Entraîneur : Vicente Feola

Gilmar – Djalma Santos, Mauro – Zózimo, Nílton Santos, Garrincha, Zito, Didi, Amarildo, Vavá, Zagallo. Entraîneur : Aymoré Moreira

Garrincha attirait les défenseurs vers la droite, cela permettait à Nilton Santos de quitter la défense pour déborder sur l'aile gauche et de marquer des buts. Le ballon semblait obéir à ce groupe de Brésiliens qui jouait avec un immense plaisir. Leur football était plus un amusement sur le vif qu'un travail ruminé. De l'inspiration et pas de transpiration. La veille du match, Nilton Santos répondit à un journaliste suédois qu'il allait bien dormir : « Nous, on a le jeune Pelé et Garrincha, plus Didi, et vous ? » Quand il remporte la finale, Garrincha déclare moqueur : « Quoi ? Il n'y a pas de revanche... Quel petit championnat sans match retour ! » Le Brésil importe la joie de vivre en Europe.

STADE DE REIMS

Finaliste de la Coupe d'Europe des clubs champions : 1956 et 1959

René - Jean Jacquet – Zimny – Jonquet, Giraudo – Leblond, Siatka – Hidalgo, Glovacki, Kopa, Bliard, Templin. Entraîneur : Albert Batteux

Colonna – Rodzik, Jonquet – Giraudo – Penverne, Leblond – Lamartine, Bliard, Fontaine, Piantoni, Vincent. Entraîneur : Albert Batteux.

Régnant sur le football français, le Stade de Reims parvient deux fois en finale sur les quatre premières Coupes d'Europe. Les Rémois abdiquent lors des deux matchs contre le Real Madrid qui, lui ,règne en Europe (4-3 et 2-0). Lors du premier duel, les Rémois ont mené à trois reprises. L'ossature rémoise fut omniprésente dans l'équipe de France, troisième à la Coupe du monde 1958. Les Français n'arrivaient pas à gagner des trophées internationaux mais Reims a montré la voie.

REAL MADRID

5 Coupes d'Europe des clubs champions : 1956 à 1960

Domínguez – Marquitos, Santamaria, Pachin – Vidal, Zarraga – Canario, Del Sol, Di Stefano, Puskás, Gento. Entraîneur : Miguel Munoz.

Les Madrilènes sont sans pitié lors des cinq premières éditions de la Coupe d'Europe qu'ils remportent cinq fois de suite avec quatre entraîneurs différents. La dynamique demeurait d'une saison à l'autre. Les finales se suivent et se ressemblent avec à la baguette, le chef d'orchestre Alfredo Di Stefano qui donne son assentiment pour jouer avec d'autres solistes de très grand talent, à commencer par Kopa et Puskás. Ce Real est le plus grand Real, vu qu'il a posé les premières pierres de la Maison Blanche.

BENFICA

2 Coupes d'Europe des clubs champions : 1961 et 1962

Costa Pereira – Joao, Figueirido, Martins, Cruz – Neto – Augusto – Santana, Aguas, Coluna, Cavem. Entraîneur : Bela Guttmann

Costa Pereira – Joao, Germano, Martins – Cavem – Cruz, Augusto – Eusébio, Aguas, Coluna, Simoes. Entraîneur : Bela Guttmann

Jamais une équipe portugaise n'avait remporté un trophée aussi prestigieux, jusqu'en 1961 chasse gardée des Madrilènes. Coup sur coup, les Portugais ont battu Barcelone (3-2) et le Real Madrid (5-3). Les Portugais de cette époque perdront les finales 1963, 1965 et 1968 mais pas sous les ordres du même entraîneur. En huit ans, Benfica a disputé cinq fois la plus grande compétition européenne avec pour fer de lance Eusébio. Bela Guttman, l'entraîneur austro-hongrois alignait le schéma tactique 4-2-4. Ballon d'or 1965, Eusébio fait un très beau parcours en Coupe du monde 1966 où le Portugal ne baissa le pavillon qu'en demi-finale face à l'Angleterre (2-1), pays hôte et futur vainqueur.

MILAN AC

2 Coupes d'Europe des clubs champions : 1963 et 1969

2 Coupes d'Europe des vainqueurs de coupe : 1968 et 1973

Ghezzi – David, C. Maldini, Trebbi – Benitez, Trapattoni – Sani, Rivera, Pivatelli, Altafini, Mora. Entraîneur Nereo Rocco.

Cudicini – Anquilletti, Schnellinger, Rosato – Malatrasi, Trapattoni – Hamrin, Lodetti, Sormani, Rivera, Prati. Entraîneur : Nereo Rocco.

Avec leur mentor Nereo Rocco (1912-1979), un entraîneur à la poigne de fer, les joueurs du Milan AC parviennent deux fois à conquérir le Graal européen avec une équipe complétement différente hormis les deux maîtres à jouer : le défensif Giovanni Trapattoni et l'offensif Gianni Rivera. Rocco procure à l'Italie sa première Coupe d'Europe. Avec son visage qui semble être de la famille de Robert De Niro, il dirigeait des joueurs qui ne s'aventuraient pas à le contrarier. Adepte du catenaccio, il n'en prêchait pas moins un football ultra-offensif pour saper le moral des adversaires. Il a su prolonger la période faste des années 1950, celle du triumvirat offensif suédois : Gunnar Gren, Gunnar Nordahl et Nils Liedholm, surnommé « Gre-No-Li ».

INTER MILAN

2 Coupes d'Europe des clubs champions : 1964 et 1965

Sarti – Picchi, Guarneri, Burgnich, Facchetti – Tagnin, Suarez, S. Mazzola, Corso, Jair da Costa, Milani. Entraîneur : Helenio Herrera

Sarti – Burgnich, Guarneri, Picchi, Facchetti – Bedin – Jair da Costa, Peiro, Mazzola, Peiro, Corso. Entraîneur : Helenio Herrera.

Helenio Herrera a su profiter de la nouvelle vague italienne, initiée au plan européen par le Milan AC qui avait su faire gagner le football transalpin. Le Franco-Argentin, déjà vainqueur de la Coupe des villes de foires 1960 avec le Barça où brillait le Hongrois László Kubala, a porté très haut l'Inter Milan pour rafler deux C1 d'affilée. Milan pouvait s'enorgueillir d'avoir deux clubs phares dont tout le monde admirait le réalisme et l'art de la contre-attaque. Les tifosi milanais étaient partagés en deux : ceux qui aimaient Sandro Mazzola (Inter) et ceux qui préféraient Gianni Rivera (Milan AC). Cette rivalité se poursuivait même au sein de la Squadra Azzura.

MANCHESTER UNITED

2 Champions League : 1999 et 2008

Schmeichel – Neville, Johnsen, Stam, Irwin – Giggs, Beckham, Butt, Blomquvist, Yorke, Cole. Entraîneur : Sir Alex Ferguson.

Avec le titre de champion d'Angleterre 1993, Manchester United se reconnecte avec son histoire. Le club se remet vraiment à gagner et peu à peu se rappelle qu'il a remporté une C1 en 1968. Sir Ferguson et un bon groupe de jeunes remportent la C1 1999, une des plus surprenantes. Viendront encore trois finales de C1. En 2008, Chelsea est vaincu aux tirs au but. Par contre le Barça l'emporte sans forcer en 2009 et 2011. Le football est histoire de cycle. Celui de MU venait de se terminer.

BRÉSIL

Coupe du monde : 1970

Félix – Carlos Alberto, Brito, Piazza, Everaldo – Clodoaldo, Gerson – Jairzinho, Tostão, Pelé, Rivelino. Entraîneur : Mário Zagallo

Détenteur des Coupes du monde 1958 et 1962, le Brésil n'a pas illustré le proverbe « jamais 2 sans 3 » : en 1966, la sélection auriverde perd deux fois au premier tour contre la Hongrie (1-3) de Florian Albert et le Portugal (1-3) d'Eusébio. Après la retraite de Garrincha, le Brésil renoue avec le succès grâce à la présence de nouveaux artistes. En 1970, avec Pelé et Tostão, le Brésil joue et gagne six matchs sur six. Chacune de leurs rencontres est un récital. En tout, 19 buts marqués contre 7 encaissés. Le Brésil 1970 offre un jeu paradisiaque, tout ce qu'il tente, réussit. Il n'y a plus de place pour le hasard ou la chance. Il invente l'exactitude, nette et sans bavure. Le monde entier devient Brésilien. Un beau football est toujours simple. Il n'y que les mauvais joueurs qui le compliquent.

AJAX AMSTERDAM

3 Coupes d'Europe des clubs champions : 1971, 1972, 1973

Stuy – Neeskens, Hulshoff, Vasović, Suurbier – Rijnders, Mühren – Swart, Cruyff, van Dijk, Keizer. Entraîneur : Rinus Michels

Les Néerlandais n'ont pas seulement révolutionné le football avec leur look. Tous appliquaient l'axiome du « football total » de leur entraîneur Rinus Michels : on attaque et on défend à l'unisson. Cela demande une attention de chaque seconde. Après une humiliante défaite en finale de la Coupe d'Europe 1969 contre le Milan AC (4-1), Cruyff est éblouissant mais ses copains ne le sont pas moins. Les Néerlandais entraient sur la pelouse comme les Beatles montaient sur scène. On allait assister à un concert de football. Le Brésil jouait très bien mais peu souvent. Les Hollandais jouaient chaque semaine – hélas ! - sans les caméras TV des autres pays européens. Rinus Michels quitta son poste pour le laisser à Ştephan Kovács qui rajouta deux coupes aux grandes oreilles dans les vitrines de l'Ajax.

BAYERN MUNICH

3 Coupes d'Europe des clubs champions : 1947, 1975 et 1976

Maier – Hansen, Breitner, Schwarzenbeck, Beckenbauer, Roth, Torstensson, Zobel, Müller, Hoeness, Kapellmann. Entraîneur : Udo Lattek

Au règne de l'Ajax suit celui du Bayern. Un ogre succède à un ogre. Les Allemands, fidèles à leur image, ne font pas dans la dentelle : ils viennent, ils gagnent et ils s'en vont. Leur football plein de vitalité est exécuté à la vitesse supersonique. Pas le temps de faire des dribbles inutiles. Le ballon va d'un point à un autre par des lignes simples et directes. Les Allemands sont aussi compétiteurs que les Brésiliens, sauf qu'ils laissent les fioritures au vestiaire. En 1974, l'Allemagne fut championne du monde chez elle devant les Hollandais. Ce fut le combat entre le chat et la souris. Le chat a gagné.

LIVERPOOL

4 Coupes d'Europe des clubs champions : 1977, 1978, 1981 et 1984

Clemence – Neal, Jones, Smith, Kennedy – Hughes, Keegan, Case, Heighway, Callaghan, McDermont. Entraîneur : Bob Paisley

Parmi la cargaison de trophées nationaux et internationaux amassés par Liverpool dans les décennies 1970 et 1980, les trois premières Coupes d'Europe ont été engrangées par l'entraîneur Bob Paisley. En 1977, il avait la joie d'avoir le virevoltant Kevin Keegan dans son effectif. Lors des deux suivantes, il y avait Graeme Soueness et Kenny Dalglish. Liverpool a régné sans partage dans le football anglais jusqu'à l'arrivée d'Éric Cantona à Manchester United. Après sa période hégémonique, Liverpool est parvenu à regagner une C1 en 2005 mais plus jamais le championnat anglais.

MILAN AC

3 Coupes d'Europe des clubs champions : 1989, 1990 et 1994

Galli – Tassotti, Maldini, Costacurta, Baresi – Colombo, Rijkaard, Ancelotti, Donadoni, van Basten, Gullit. Entraîneur : Arrigo Sacchi

Le Milan AC d'Arrigo Sacchi fait grande impression par la qualité de son football qui a une partition pleine d'élégance avec du mouvement toujours inspiré par la volonté de créer quelque chose qui va surprendre même ceux qui ont la balle. Lors du coup double 1989-1990, on trouve un bel écho de l'Ajax avec les héritiers spirituels de Cruyff, les trois néerlandais réquisitionnés par Silvio Berlusconi pour rendre son lustre au Milan AC : Rijkaard, van Basten et Gullit. Ils sont les vertèbres bien en place de la colonne vertébrale du club. En 1994, le Milan AC – avec un nouvel entraîneur, Fabio Capello, et deux grognards rescapés Maldini et Donadoni – étrille en finale de la C1 le Barcelone de Johan Cruyff qui voit ses joueurs perdre 4-0. Battre Cruyff, c'est plus qu'une victoire.

BARCELONE

4 Champions League : 2006, 2009, 2011 et 2015

Valdès – Alves, Mascherano, Piqué, Abidal – Busquets, Xavi, Iniesta, Villa, Messi, Pedro. Entraîneur : Josep Guardiola

Il a fallu attendre quatorze ans pour que le Barça regagne une C1 après la première remportée en 1992 grâce à Johan Cruyff, sa bonne étoile. À partir de 2006, le succès revient sous l'impulsion derechef d'un Néerlandais : Frank Rijkaard après Rinus Michels et le roi Johan 1er. Le trophée conquis à Saint-Denis face à Arsenal (2-1) avait eu pour maîtres de cérémonie Samuel Eto'o et Ronaldinho. Dès qu'ils ont la balle, Xavi et Iniesta se trouvent par instinct, guidés par les automatismes qu'ils ont acquis depuis leur enfance dans le centre de formation du Barça dont on sait que c'est plus qu'un club.

Les joueurs À LUNETTES

**Quelques joueurs disputaient les matchs avec des lunettes, héritant de l'appellation non contrôlée d'intellectuels.
René Fioroni impressionnait encore plus car il était clerc de notaire. Dans les vestiaires, Gilbert Gress, lunettes avec buée, refaisait le match, sorte de Jean-Luc Godard du football.**

EDGAR DAVIDS
Juventus de Turin ➡

RENÉ FIORONI
OGC Nice

JOOP VAN DAELE
Feyenoord

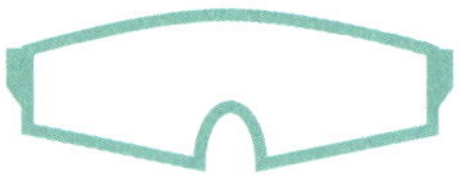

ANNIBALE FROSSI
Inter Milan ➡

JEF JURION

Anderlecht

RINUS ISRAËL

Feyenoord

DANI ALVES

PSG

GILBERT GRESS

Strasbourg

JEAN-CHRISTOPHE THOUVENEL

Bordeaux

LILIAN THURAM

Monaco

CHARLES SKORNIK

Chaumont

Il était une fois DES GRANDS MATCHS

Qu'est-ce qu'un grand match ? La première constatation c'est que tous les grands duels se sont déroulés quand l'enjeu était considérable : matchs de Coupe du monde ou de Champions League. Parmi les protagonistes, il y a souvent de grands clubs ou de grands pays de football. Les bijoux sont encore plus beaux dans un bel écrin.

SUISSE 4-2 ALLEMAGNE

9 juin 1938

Suisse-Nazis, telle est la véritable affiche sur le sol français. Au début du match, l'équipe du IIIe Reich fait le salut nazi y compris Rudolf Raftl, Stefan Skoumal, Leopold Neumer, Wilhelm Hahnemann et Josef Strot, cinq Autrichiens qui jouent avec la croix gammée sur le cœur alors que leur pays vient d'être annexé par Hitler (12 mars). Leur sélectionneur Sepp Herberger aurait voulu aussi kidnapper Matthias Sindelar mais le virtuose honnissait les Hitlériens, au prix de sa vie. Cette demi-finale de la Coupe du monde s'est déroulée en deux actes : aucune équipe n'avait pu gagner lors d'un premier match (1-1 après prolongations). Cinq jours plus tard, la Mannschaft multiplia les agressions : l'attaquant suisse Georges Aeby (1913-1999) reçut treize points de suture à la joue après son évacuation sur une civière. Au bout d'eux-mêmes, les Suisses marquèrent deux buts pour s'imposer sous les yeux de leur sélectionneur Karl Rappan (1896-1996), précurseur du catenaccio avec contre-attaque.

BRÉSIL 1-2 URUGUAY

16 juillet 1950

C'était le match que le Brésil ne devait pas perdre et ils l'ont perdu sous la pression trop forte de l'événement qui devait rendre le Brésil champion du monde pour la première fois et en plus à la maison. Les Uruguayens de Juan Alberto Schiaffino ont été sans pitié et Alcides Ghiggia planta l'ultime banderille pour « tuer » le match. L'Uruguay était double championne du monde mais on ne parla que de la déroute du Brésil frappé d'un deuil national.

HONGRIE 4-2 URUGUAY

30 juin 1954

Les Uruguayens défendaient leur titre mondial de 1950 et les Hongrois, champions olympiques 1952, étaient invaincus. Quand Juan Alberto Schiaffino fut blessé dans les prolongations, Sándor Kocsis sortit du bois pour réaliser un doublé en cinq minutes, à la plus grande joie de Puskás, hors-service en tribunes. Les Magyars jouaient en 4-2-4 avec une défense en ligne. Un système qui va faire florès, entre autres au Brésil.

BENFICA 5-3 REAL MADRID

2 mai 1962

Raflant les cinq premières C1, le Real croit récupérer sa couronne mais Benfica conserve son titre. Les Portugais battent les Madrilènes comme ils avaient battu Barcelone l'année d'avant.

ITALIE 4-3 ALLEMAGNE

17 juin 1970

L'épaule démise et bandée, le bras droit immobilisé, Beckenbauer est bien un empereur mais cette fois il ressemble à Napoléon au pont d'Art Cool : cet homme a la grâce collée au corps, blessé ou pas. La demi-finale, aux saisissants rebondissements, ne voulait pas désigner un gagnant mais à la 112e minute, Gianni Rivera propulsa la Squadra Azzurra en finale. Match hitchcockien.

AJAX AMSTERDAM 4-0 BAYERN MUNICH

7 mars 1973

Finale avant l'heure, ce quart de finale de C1 fut l'un des matchs du siècle. Un choc titanesque entre deux capitaines légendaires : Cruyff l'espiègle et Beckenbauer le « kaiser ». Les Néerlandais ne firent qu'une bouchée des Bavarois. L'Ajax gagna sa troisième C1 d'affilée. Qui gagnera les trois suivantes ? Le Bayern !

MILAN AC 4-0 BARCELONE

18 mai 1994

Le Milan AC de Fabio Capello a donné une leçon de football au Barcelone de Johan Cruyff, en finale de la C1. Ce n'était pas couru d'avance. L'équipe qui a gagné fut celle avec Dejan Savićević déterminant sur trois buts milanais : une passe décisive, une frappe gagnante et un tir sur le poteau repris par Marcel Desailly. Le Monténégrin n'aimait pas monter pour rien. Ce subtil gaucher avait l'agilité d'une anguille, capable de s'extirper au milieu d'un essaim de jambes ennemies. Si Savićević avait joué dans le camp d'en face, c'était le Barça qui gagnait.

MANCHESTER UNITED 2-1 BAYERN MUNICH

26 mai 1999

Nous étions en 1999, le siècle était presque fini, le millénaire touchait à sa fin. Pareil pour le match. À la 90e minute, le match en était au temps additionnel. Les Bavarois piaffaient d'impatience d'aller recevoir le trophée. C'était mésestimer la roublardise de sir Ferguson qui fit entrer Teddy Sheringham et Ole Gunnar Solskjær pour qu'ils donnent deux coups de battoirs (91e et 92e minutes) aux ex-futurs vainqueurs qui avaient tiré trop de plan sur la comète.

LIVERPOOL 3-3 MILAN AC

25 mai 2005

À la mi-temps, les Milanais avec Pirlo et Kaká menaient 3-0. Les artistes pensaient que la messe était dite. Régénérés par le quart d'heure de repos, Liverpool redressait la barre avec son *fighting spirit* jusqu'à remporter le finale de la C1, aux tirs au but (3-2). Ce fut un voyage au bout du bout de la nuit. Captain Steven Gerrard avait gagné le plus grand match de sa vie

ET AUSSI

Nice 3-2 Real Madrid 1960
URSS 2-1 Yougoslavie 1960
Ajax 4-0 Bayern 1973
Saint-Étienne 3-0 Dynamo Kiev 1976
Liverpool 3-1 Saint-Étienne 1977
RFA 1-0 Autriche 1982
RFA 1-2 Algérie 1982
Danemark 2-0 Allemagne 1992
Marseille 5-4 Montpellier 1998
Liverpool 5-4 Alavés 2001
Manchester United 7-1 Roma 2007
...

MICHEL PLATINI

L'homme des coups francs

★

Il a été à la base de la renaissance du football français en veilleuse depuis la fin des années Kopa. Joueur à l'intelligence présente dans le moindre fait et geste sur la pelouse, il est devenu dirigeant dans un univers où les coups tordus sont plus présents que les coups francs dont il était le plus grand spécialiste au monde.

On a vécu son ascension de très près tant on voulait voir la France dans la cour des grands du football. Lui seul pouvait nous y mettre. Roger Piantoni a signalé au pays que le jeune Platini était l'avenir de l'équipe de France. Piantoni, Platini, solidarité italo-nancéenne. La presse nous le montrait en image fixe, dans la banlieue de Nancy, chez ses parents Anna et Aldo. Cela sentait bon l'Italie, les spaghettis, le parmesan. Son père lui avait dit de voir avant les autres s'il voulait être un grand joueur. Le conseil fut appliqué à la lettre : sûr le Michel était un clairvoyant. Un diffuseur de passes décisives.

Platini grandissait avec nous. On se mariait avec Estelle, en même temps que lui. La vie des héros populaires se partage avec les gens simples. Son ami Olivier Rouyer, c'était aussi le nôtre. Sur le terrain, on voyait tout de suite qu'à chaque match, Platini était le genre de joueur à qui l'on donne le ballon pour qu'il fasse le reste. Alors que des dirigeants incompétents estimèrent qu'il n'avait pas la capacité respiratoire pour devenir professionnel, Michel Platini signe à Nancy, la seconde marche de son parcours de joueur après ses débuts à Jœuf, sa ville natale. Ensuite, il y aura Saint-Étienne et la Juventus de Turin. Trois clubs, c'est peu quand on songe aux mercenaires qui profitent de tous les avantages qu'il a contribués à mettre en place sans pouvoir en profiter.

À la Juventus de Turin, il vécut son apogée de joueur en club. On le voyait marcher sur le terrain, son maillot hors du short. Un maillot qui ne portait pas le nom PLATINI dans le dos. N° 10, ça suffisait à l'identifier. Ce numéro était mythique. Seuls les architectes du football pouvaient le porter sans être ridicule. Pelé, Puskás, Maradona, Platini... Rien que des pointures. Au stade du Ray, sous la pluie en novembre 1977, lors de Nice-Nancy (3-7), il marqua quatre buts à Dominique Baratelli qui s'en rappelle encore. La saison suivante, Platini marqua encore au gardien niçois un but en finale de la Coupe de France 1978 (1-0). À Saint-Étienne, pas que de bons souvenirs, passons. Sélectionneur en équipe de France, pas que des bons souvenirs, passons. À la Juventus de Turin, pas que des bons souvenirs, passons. À l'UEFA, pas que des bons souvenirs, passons. 1998, pas que des bons souvenirs, passons. L'Euro 1984 que des bons souvenirs. Devant le président de la République française, François Mitterrand, Platini souleva le premier très grand trophée des Bleus.

Ses coups francs décisifs ont qualifié la France, à trois reprises, pour les Coupes du monde 1978, 1982 et 1986. Chapeau l'artiste ! La dernière participation remonte à 1966. Sans Platini, le football français restait en carafe. 1978 fut le tremplin international de la grande époque « platinienne ». 1982 fut l'état de grâce non récompensé à sa juste valeur. 1986 fut handicapé par une blessure qui empêcha Platini de gagner le titre car deux ans plus tôt il avait rayonné sur l'Euro, par sa présence et ses 9 buts. Sacré trois fois meilleur buteur du Calcio, Platini pouvait marquer d'une pichenette. Il ne tirait jamais en force à l'aveuglette.

Les gros COUPS DE SHOW

Le football est un sport de contact. L'équipe qui gagne, l'emporte aussi dans quasi chaque duel d'un match. Des joueurs savent « marcher sur l'homme », d'autres pas. Il arrive que des situations dérapent avec plus ou moins d'intensité. Voici un bouquet de croisements musclés de diverses époques.

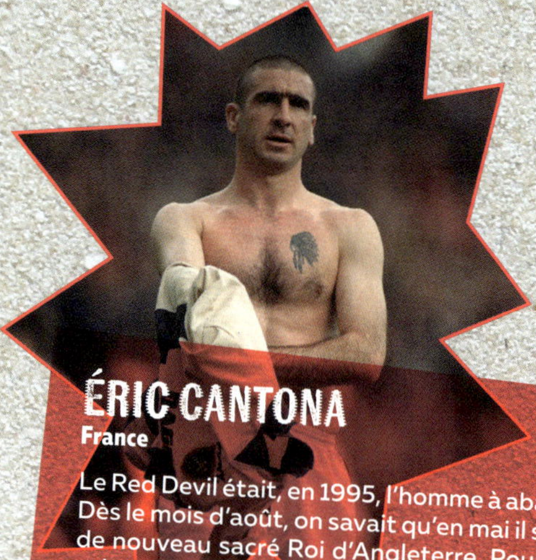

ÉRIC CANTONA

France

Le Red Devil était, en 1995, l'homme à abattre. Dès le mois d'août, on savait qu'en mai il serait de nouveau sacré Roi d'Angleterre. Pour que cela cesse, il reçut des menaces de mort. Un supporter de Crystal Palace dévala toute une tribune pour menacer l'homme le plus haï du Royaume-Uni, excepté dans les quartiers rouges de Manchester. Albert Cantona, le père du King, disait à son fils quand il était enfant : « Frappe toujours en premier ! » Ce qu'il fit. Si les joueurs ont des devoirs, les supporters n'ont pas tous les droits.

HARALD SCHUMACHER

Allemagne

Des joueurs soignent leur communication pour qu'on parle d'eux. Celui que du côté français on appelle le « boucher de Séville » se moque de l'impression qu'il donne. Il a disputé la demi-finale de la Coupe du monde 1982 contre la France pour la gagner et il l'a gagnée. Pour arriver à ses fins, il a joué l'homme et pas le ballon. L'homme c'était Patrick Battiston. Depuis cette bastonnade, le portier a disparu des radars. Même en Allemagne, il rappelle des mauvais souvenirs. En finale, l'Italie a fini par soulever le trophée convoité par Schumacher.

VINNIE JONES

Angleterre

En France, le 6 février 1934, c'est le jour où les fascistes ont failli renverser la Chambre des députés. En Angleterre, le 6 février 1988 ce fut le jour où Vinnie Jones a pris à pleines mains les bijoux de famille de Paul Gascoigne. Ces deux-là, il ne fallait pas les mettre sur une même pelouse : c'était chien et chat. Plus personne ne se souvient de Wimbledon-Newcastle (0-0). Ne reste que la photo des « bad boys » comme ils disent.

ZINEDINE ZIDANE

France

Le meneur de jeu s'est fait justice lui-même quand Marco Materazzi a eu des mots pas agréables pour faire disjoncter celui qui pouvait faire gagner la France. Le défenseur savait que si l'attaquant était expulsé, l'Italie gagnerait le match. C'est ce qui arriva. Il s'agissait de la finale de la Coupe du monde 2006, le dernier match de Zidane. L'honneur avant les honneurs.

ZLATAN IBRAHIMOVIC

Suède

Le mercenaire du football se considère toujours plus fort que le club où il joue. Avec son imposante carrure, il est « inchargeable ». Si un adversaire le suit trop à la trace, il peut le prendre par la gorge et le secouer comme un prunier. C'est ce qu'il fit à Simon Kjær de Fenerbahçe. Il a même repoussé l'arbitre qui s'est permis de toucher celui dont le prénom veut dire « couvert d'or ». Ce fut le jour de gloire de Kjær et de l'arbitre.

LUIS SUÁREZ

Uruguay

Il est né dans le pays où a vu le jour Lautréamont mais lui n'a rien d'un poète. Sa spécialité, c'est de mordre ses adversaires à son goût un peu trop encombrants. Il n'en démord pas, si on l'asticote de façon mordante, il sort les crocs et assène un grand coup de dents dans la chair de celui qui l'a chargé *manu militari*. Qui s'y frotte si pique !

DES COUPS DE SANG CHAUD

Marcel Desailly s'est frité avec Hristo Stoitchkov // le Gunner Martin Keown s'en est pris à Ruud van Nistelrooy // William Gallas a eu une attention particulière contre Nani // Fabio Cannavaro a fait obstruction pour que Thierry Henry le heurte de plein fouet // Pepe a fait valser Neymar // José Mourinho a enfoncé son doigt dans l'œil de Tito Vilanova // Sergio Ramos s'est transformé en faucheuse auprès de Messi // Dimitri Payet a renvoyé aux vestiaires Cristiano Ronaldo pendant la finale de l'Euro 2016 …

La rétro DES PÉNOS

Les penaltys ne sont jamais inscrits avant d'être tirés. Cette lapalissade est la leçon numéro 1 à retenir. En 1986, on a vu les Brésiliens s'embrasser avant que... Zico échoue devant Joël Bats. Les meilleurs joueurs ratent des penaltys alors qu'ils sont fins techniciens : Maradona, Platini, Baggio... Qui n'est pas concentré à 100 % n'a pas 100 % de chance de marquer.

ALEX THÉPOT FRANCE 19 JUILLET 1930

La première Coupe du monde a été le lieu de toutes les premières fois avec les Français en bonne place, même s'ils n'ont pas passé le premier tour. Le premier but de l'Histoire des Coupes du monde a été l'œuvre de Lucien Laurent lors de France-Mexique (4-1) et le gardien Alex Thépot, lui, arrêta le premier penalty, au cours de France-Chili (0-1). Le gardien du Red Star réduisit à néant la frappe de Carlos Vidal qui du coup est le premier tireur à avoir raté un penalty dans un tournoi mondial. Malgré plusieurs arrêts décisifs devant les Chiliens, Alex Thépot encaissa un but de Guillermo Subiabre. En fin de tournoi, le gardien de l'équipe de France fut élu meilleur à son poste.

GIUSEPPE MEAZZA ITALIE 16 JUIN 1938

À Paris, les Brésiliens ont séduit tout le monde avec leur sympathique décontraction. Dès leur descente du train, ils ont jonglé sur le quai comme s'ils étaient à Copacabana. Ils avaient l'air de lords avec veste, chapeau et cravate. En 1930, ils s'étaient arrêtés avant les demi-finales et en 1934, ils furent battus en huitièmes. Ils arrivent en France avec la volonté de ne pas mésestimer les adversaires, leur péché mignon parce qu'ils pensent mieux jouer au football, sport inventé par les Européens. La douche écossaise interviendra contre l'Italie en demi-finale à Marseille. Menés 0-2, les Brésiliens marquent leur premier but à la 87e minute sans parvenir à égaliser. Le penalty de la 60e minute de Giuseppe Meazza fut fatal. Le capitaine champion du monde en titre propulsa l'Italie vers un second sacre mondial. Le sélectionneur brésilien n'aligna pas Leônidas da Silva dit le « Diamant noir » pour l'économiser en vue de la finale...

EUSÉBIO PORTUGAL 23 JUILLET 1966

Les quarts de finale sont marqués par le festival offensif de Portugal-Corée du Nord (5-3) qui voit Eusébio inscrire 4 buts dont 2 penaltys. Le match débuta par une surprenante domination des Coréens : 0-3 à la 22e minute. Le temps de prendre la mesure de ses adversaires inconnus, Eusébio marque 4 buts l'un après l'autre : 27e, 42e sur penalty, 56e et 59e de nouveau sur penalty. José Augusto Torres concluant la prestation portugaise en fin de match. Le quadruplé fit sensation parce que les Coréens venaient d'éliminer 1-0 la grande Italie de Facchetti, S. Mazzola et Rivera. Son second penalty ne fut pas évident à marquer car il donnait la victoire. Eusébio frappa derechef de manière imparable.

DANIEL PASSARELLA ARGENTINE

6 JUIN 1978

Le défenseur se préposa pour tirer le penalty à la 45e minute d'Argentine (2-1) France qui permettra aux Argentins d'ouvrir le score devant 77 200 personnes. Le capitaine tira en force droit devant lui. Platini parvient à égaliser, pour rien. L'homme du match fut Leopoldo Luque qui marqua le but vainqueur à la 73e minute et qui obtint le penalty généreusement accordé par l'arbitre : dans sa chute, au terme d'un duel, le défenseur Marius Trésor vit le ballon venir heurter son bras. Aucun geste intentionnel mais penalty quand même. L'Argentine de la junte militaire devait gagner chez elle... et elle gagnera. La France déjà battue par l'Italie dit bye-bye au tournoi. La victoire contre la Hongrie fut un pansement sur une jambe de bois.

JOHAN CRUYFF AJAX AMSTERDAM

5 DÉCEMBRE 1982

À la 21e minute d'Ajax Amsterdam-Helmond Sport (5-0), il y a eu penalty en faveur de l'Ajax. Avec une idée derrière la tête, Johann Cruyff prit le ballon, le posa au point de penalty puis le transmit en avant à son partenaire Jesper Olsen. Le Danois lui renvoya la balle et Cruyff l'expédia au fond des filets d'Otto Versfeld qui se demandait où était la caméra invisible. L'arbitre accorda le but, valable. Tout le monde étudia le règlement que Cruyff connaissait sur le bout des pieds, bien décidé à marquer des buts, et son temps.

ZINEDINE ZIDANE FRANCE

9 JUILLET 2006

Dès le début du match, Fabio Cannavaro fit une obstruction très musclé sur Thierry Henry, sonné pendant plusieurs minutes. Ce match, sous haute tension, connut plusieurs événements déterminants. Suite à un penalty, la France mène 1-0 à partir de la 7e minute grâce à Zidane qui trompe Gianluigi Buffon avec une panenka, toujours vécue comme une humiliante provocation par les adversaires. Fallait oser ! Le défenseur Marco Materazzi égalise 12 minutes plus tard de la tête. À la 56e minute, la sortie du relayeur Patrick Vieira, blessé, handicape les Français dans la récupération. Le match se poursuit en prolongations au cours desquelles Buffon détourne une puissante tête de Zidane qui faillit donner une seconde Coupe du monde à la France. Très investi dans le match – annoncé comme le dernier de sa carrière – Zidane a eu un coup de sang contre Materazzi, son « chien de garde », lui donnant un coup de tête en plein thorax – les deux joueurs ont eu plusieurs frictions dans la rencontre. L'arbitre, qui n'a rien vu, exclut Zidane. Tel un empereur déchu, Zidane quitte la pelouse à la 107e minute. La France orpheline de son leader devient transparente. La séance des tirs au but tourne en faveur des Italiens : côté français, la frappe de David Trezeguet heurte la transversale et rebondit devant la ligne de but. Les plus superstitieux y virent le signe que le ballon avait choisi de faire gagner les Azzurri (5 tab à 3). À Berlin, la Nazionale est devenue quadruple championne du monde.

Alex Thépot

Johan Cruyff

Giuseppe Meazza

Daniel Passarella

Zinedine Zidane

Eusébio

LES BLEUS

Les matchs au sommet

Quand l'équipe de France joue, le pays s'identifie à elle. En 1998, ce fut «tout le monde, il est beau, tout le monde il est gentil.» Suite au fiasco de la Coupe du Monde 2002, une tornade médiatique a balayé tous les Bleus encensés deux ans auparavant pour avoir gagné l'Euro 2000. Les Bleus sont les baromètres de la France. De 1982, on a tout oublié, sauf France-RFA...

FRANCE 3-1 RFA

5 octobre 1952. Amical

Près de 60 000 spectateurs sont rassemblés à Colombes pour voir le premier match entre les deux pays depuis la fin de la guerre. Pour ce bras de fer amical, la France alignait Jonquet, Marche, Penverne, Bonifaci, Cisowski, Strappe, Ujlaki et Kopa. Ces Bleus de premier rang privèrent de ballon les Allemands qui seront champions du Monde, deux ans après ce match amical.

FRANCE 2-5 BRÉSIL

24 juin 1958. Coupe du monde

Garrincha, Pelé et Didi s'imposent face à Piantoni, Kopa et Fontaine mais ils ne savent pas qu'ils viennent de faire passer le football de l'antiquité au monde moderne. La médiatisation des matchs s'amorce en Suède et ne s'arrêtera plus jamais. Il s'agissait de football champagne comme celui de Reims si cher à Kopa.

FRANCE 3-3 RFA

8 juillet 1982. Coupe du monde

La bande à Platini a failli évincer la RFA en demi-finale. À la 100e minute de la prolongation, la France menait 3-1. Au lieu de rester concentrés, les Tricolores cédaient presque tous à l'euphorie et se voyaient déjà en finale. Dans le même temps, la RFA jetait toutes ses forces dans la bataille pour égaliser et l'emporter aux tirs au but (5-4). Cette cruelle défaite apprit que la France avait une grande équipe. Cette génération bleue jouait un si beau football qu'elle fut baptisée : les « Brésiliens de l'Europe ».

FRANCE 3-2 PORTUGAL

23 juin 1984. Euro

Cette demi-finale a eu besoin d'aller en prolongation pour donner son verdict. Le Portugal a mené 1-2 pendant un quart d'heure avant de céder deux fois contre les assauts des Bleus, devant la foule du Vélodrome en fusion avec ses héros dont Jean-François Domergue. Pour le but décisif (3-2), Jean Tigana se saisit du ballon et traversa le terrain pour l'offrir à Platini qui marqua avec une maîtrise absolue un but très difficile à mettre au fond des filets. Tigana s'était révolté parce qu'il ne voulait pas revivre une série de tirs au but qui se terminait toujours mal pour lui.

LES BLEUS 1958

FRANCE 2-0 ESPAGNE

27 juin 1984. Euro

La septième finale du Championnat d'Europe des Nations ne fut pas belle. L'important c'est moins de bien jouer une finale que de la gagner. Aucune équipe de France A n'avait jamais réussi à remporter un tournoi international. Il fallait ouvrir le chapitre des finales heureuses et ce fut celle-là. Il a fallu une bourde du gardien espagnol qui relâcha le ballon de Platini pour que les Français subissent moins le stress de perdre. En fin de match, Bruno Bellone marqua le but libérateur en guise de point final.

FRANCE 3-0 BRÉSIL

12 juin 1998. Coupe du monde

Le match le plus important de l'histoire des Bleus s'est mieux passé que prévu en raison du doublé de Zinedine Zidane en première mi-temps. Deux buts de la tête, lui qui n'en marquait jamais ! Mener 2-0 au bout de 45 minutes, cela simplifie la vie d'autant plus Ronaldo 1er n'était pas bien dans son assiette. Les Brésiliens angoissés par le malaise matinal de leur jeune joueur fétiche ne se sont même pas échauffés sur la pelouse du Stade de France avant le coup d'envoi de la finale.

FRANCE 1-0 BRÉSIL

1er juillet 2006. Coupe du monde

Comme elle a éliminé l'Espagne (3-1), en huitième de finale, la France affronte le Brésil (1-0) en quart de finale à Guadalajara. Ce jour-là Henry marqua un beau but mais on n'avait d'yeux que pour Zidane. Contre les Brésiliens, il est plus Brésilien qu'eux. Transporté par la grâce, il semble en lévitation sur la pelouse, réalisant des arabesques plus belles les unes que les autres. Ce n'était plus du football mais une danse en Zidane majeur.

FRANCE 1-1 BRÉSIL

21 juin 1986. Coupe du monde

Quand Careca marqua dès la 16e minute, après un mouvement collectif des plus aboutis, la France paraissait sans gouvernail. Pas à 100 % de son physique, Platini réussit une nouvelle fois à sauver la France grâce à l'égalisation qui a redonné espoir aux Français. Les deux équipes étaient si heureuses de changer ensemble que le ballon ne sortait presque pas en touche. Ce match a eu des tirs au but en guise de dessert (4 à 3).

FRANCE 2-1 ITALIE

2 juillet 2000. Euro

Auréolés de leur titre de champions du monde 1998, les Français respirent la santé quand ils parviennent en finale pour battre l'Italie. Les Italiens ont eu le moral en berne quand la France égalise 1-1 au bout du temps additionnel. Tétanisés par le fait de s'embarquer dans des prolongations, les Italiens balbutiaient leur football jusqu'au moment où Trezeguet reprit de volée un ballon donné par Robert Pirès.

QUELQUES SCORES ÉLOGIEUX DES TRICOLORES

France 5-3 Belgique (1938)
France 2-1 Angleterre (1946)
France 3-1 Irlande du Nord (1952)
Eire 3-5 France (1953)
France 7-3 Paraguay (1958)
Argentine 3-4 France (1971)
Brésil 2-2 France (1977)
France 2-0 Italie (1986)
France 5-0 Belgique (1984)
France 3-0 Yougoslavie (1984)
France 3-1 Russie (1993)
...

FERENC PUSKÁS

La droiture du gaucher

★

Le gaucher Ferenc Puskás a marqué son temps avec des statistiques de géant : 83 buts en 84 sélections (1945 à 1956), 533 buts en 511 matchs (Hongrie et Espagne), et 41 buts en 36 matchs de C1 avec le Real Madrid. Le virtuose du ballon rond aida toute sa vie d'innombrables réfugiés politiques.

Le soldat Puskás portait bien son nom qui, en hongrois, signifie « fusilier » dès lors qu'il fit du football, étant plus doué pour marquer des buts que pour faire la guerre. Il fut bombardé militaire dans l'équipe de Kispest – le club de son quartier natal, dans le secteur pauvre de Budapest – rebaptisée Honvéd. Les communistes se sont servis de l'enchanteur du Onze d'or pour expliquer que leur régime était paradisiaque. Dès son enfance, Puskás (1927-2006) était recherché par tous ses amis parce qu'il les faisait gagner. Surnommé « Ocsi » (le Minuscule), il s'extirpait toujours du marquage à la culotte. Un entraîneur voulut le chronométrer : « Laisse tomber ce truc ! Donne-nous le ballon... », rétorqua Puskás qui régna sur l'Europe des années 1950 avec Buzánszky, Czibor, Budai, Kocsis et Hidegkuti, tous quadrillaient le terrain en 4-2-4, un schéma pour moins se déplacer sur le terrain, au profit de la circulation du ballon.

La génération Puskás a marqué au fer rouge le football, remportant cinquante matchs en cinq saisons. Champions olympiques 1952, les Hongrois passent à la moulinette les Anglais (3-6) à Wembley, réputé jardin inviolable. Le divin palmarès est terni par la finale de la Coupe du monde 1954 perdue face à l'Allemagne (2-3). Pas du tout endoctriné par le sélectionneur Gusztáv Sebes, qui se servait de l'équipe nationale comme d'un outil de propagande pour vanter le collectivisme dans le communisme, Puskás, au moment de l'écrasement de la révolution hongroise par les chars, s'exile en Espagne pour jouer au Real Madrid. Il a toujours détesté le bâillonnement instauré dans son pays auquel il oppose sa vision de la vie dans un football basé sur la liberté de mouvement. Juste avant Noël, le 12 décembre 1956, au terme de Honvéd-Bilbao (3-3) sur terrain neutre à Bruxelles, en plein brouillard, lors de la première Coupe d'Europe, il dit adieu à ses partenaires, dont certains pleurent. Sa décision fut prise dès lors que sa femme et sa fille s'étaient réfugié en Autriche. Le « fuyard » – imité par d'autres – est banni par la FIFA qui le suspend. Ne pouvant plus jouer, il vit n'importe comment et grossit de vingt kilos.

En Espagne, quand le Real Madrid accepte de le relancer après dix-huit mois d'interdiction de jouer, les sceptiques disent que le « Major galopant » est devenu le « Major bedonnant » mais sa condition physique ne nuit pas au rendement du champion qui va collectionner les titres de meilleur buteur en Liga. Les gardiens de but le redoutaient même quand il était à 35 mètres de la cage adverse d'où il pouvait tirer en force. L'habileté de Puskás était si étourdissante qu'il jonglait dans les vestiaires avec une serviette mouillée ! Puskas fut traité de « déserteur » en Hongrie jusqu'à son retour au pays après l'effondrement du rideau de fer. Parmi ses admirateurs, Armand Penverne qui le préférait à Pelé : « Puskás, c'était la perfection de l'équilibre. Très dur à marquer. Les gauchers, on ne sait jamais ce qu'ils vont faire. » Kopa était encore plus dithyrambique : « Puskás était un génie. » Un génie mort de la maladie d'Alzheimer, abandonné de tous sauf par sa famille.

LES TIRS AU BUT

Le supplice

Il est souvent dit que les tirs au but sont une loterie. C'est vite dit. Cet exercice fait appel au choix des tireurs, à la volonté, à la technique, à la précision, au dosage de la force de frappe, à l'art de la feinte, à l'intelligence, autant de données qui n'ont rien à voir avec la chance.

Maxime Bossis

Michel Platini

Diego Maradona

MAXIME BOSSIS

8 JUILLET 1982 // RFA 3-3 FRANCE, 5 TAB À 4

La France qui n'a pas su conserver son avantage de 3-1 doit s'engager dans la première séance des tirs au but dans l'histoire de la Coupe du monde. Quand Uli Stielike rate sa tentative, 60 millions de Français se voient déjà en finale. La tristesse de l'Allemand est de courte durée puisque Six échoue dans son face à face avec Schumacher à l'ego surdimensionné. Six avait représenté la victoire possible, mais Maxime Bossis, qui lui succède, incarne la défaite avec une mine du condamné à mort. Et c'est ainsi que s'acheva ce match d'anthologie. Les Italiens qui s'étaient débarrassés sans forcer des Polonais (2-0) battront trois jours plus tard, en finale, les Allemands (3-1) encore groggy de leur demi-finale.

MICHEL PLATINI

21 JUIN 1986 // FRANCE 1-1 BRÉSIL, 4 TAB À 3

Après avoir battu facilement l'Italie (2-0), la France joue un immense match contre le Brésil en demi-finale qui fit de même. Trois virtuoses étaient sur la pelouse : Platini, Zico et Sócrates. Hélas ! Il fallait départager tout ce beau monde. Joël Bats démontra toute sa classe dans la série des tirs au but, par sa présence et ses arrêts. Le poète Bats stoppa le tir du philosophe Sócrates. Personne ne s'en réjouit, même pas Bats. Bruno Bellone voit « son » ballon heurter le montant et rebondir sur le dos du gardien pour finir dans la cage. Ce n'était pas le jour du Brésil. Quand Platini se présenta, le capitaine prit le ballon, le caressa, l'embrassa puis l'envoya au-dessus de l'équerre du premier poteau. On mettait cet échec sur sa blessure, réelle mais pas clamée sur les toits. Dans ce match, Zico rata un penalty et réussit son tir au but. Finalement Luis Fernandez abrégea le calvaire de Platini et envoya la France en demie d'un tir plein de hargne, sa marque de fabrique.

DIEGO MARADONA

1er OCTOBRE 1986 // TOULOUSE 1-1 NAPLES, 4 TAB À 3

Au terme des prolongations du match retour du premier tour de la C3 les deux équipes sont à 1-1. Lors de la séance des tirs au but, Diego Maradona rate le sien qui s'écrase sur le poteau et élimine Naples (3-4). Le champion du monde en titre n'a jamais apprécié cet exercice.

ALDO SERENA

3 JUILLET 1990 // ARGENTINE 1-1 ITALIE, 4 TAB À 3

Le match était attendu avec beaucoup d'appréhension par les Italiens qui venaient défier Maradona dans son jardin, à Naples ! Tout le stade était pour l'Argentine car la Nazionale représente plus le Nord que le Sud de l'Italie, abandonné par les nantis de Rome. Maradona qui craint les tirs au but a bien répondu présent comme trois autres de ses partenaires qui ont fait carton plein. Fébriles, les Italiens disent adieu à leur Coupe du monde, en demi-finale, suite aux essais avortés de Roberto Donadoni et d'Aldo Serena dont les tirs sont arrêtés par le gardien Sergio Goycochea qui était doublure au début de la compétition. Le remplaçant d'Alberto Pumpido, blessé, avait déjà brillé en quart de finale, stoppant deux tirs au but lors d'Argentine 0-0 Yougoslavie (3 tab à 2). Tenant du titre, Maradona avait gagné sa place en finale de la Coupe du monde 1990 à Rome pour tenter de faire le doublé. À Rome, il sera hué pour avoir éliminé l'Italie.

ROBERTO BAGGIO

17 JUILLET 1994 // BRÉSIL 0-0 ITALIE, 3 TAB À 2

La finale de la Coupe du monde 1994 est la première à se terminer par des tirs au but. Franco Baresi tire en premier, rate et s'écroule, entrevoyant déjà l'échec. Il se ressaisit quand Márcio Santos échoue aussitôt après le ratage du capitaine italien.

Roberto Baggio

Luigi Di Biagio

John Terry

David Trezeguet

Lionel Messi

Les Brésiliens ne trembleront plus, à l'inverse des Transalpins dont deux tireurs ne tirent pas leur épingle du jeu : Daniele Massaro, puis Roberto Baggio qui envoie le ballon au-dessus de la cage de Cláudio Taffarel. Le Brésil pouvait broder une quatrième étoile sur son maillot mais cette cuvée brésilienne était symbolisée par le football rébarbatif de Dunga qui a réussi là où échoua l'artiste Zico.

LUIGI DI BIAGIO

3 JUILLET 1998 // FRANCE 0-0 ITALIE, 4 TAB À 3

Indécis jusqu'à la fin des prolongations, le quart de finale doit élire son vainqueur au terme des tirs au but. Zidane réussit le sien, et Roberto Baggio efface le mauvais souvenir de 1994. Comme Bixente Lizarazu rata son tir, les fans français ont savouré le culot des deux jeunes internationaux, David Trezeguet et Thierry Henry, qui jouaient gros mais dont les pieds n'ont pas tremblé. Laurent Blanc assura bien sa frappe. Dans le camp italien, Demetrio Albertini faillit à sa tâche, tout comme Luigi Di Biagio qui tira sur la transversale. La France était qualifiée pour la demi-finale. Marcel Desailly dansa la sarabande dans le rond central. Comme Platini en 1986, Lizarazu était passé près de la correctionnelle.

JOHN TERRY

21 MAI 2008 // MANCHESTER UNITED 1-1 CHELSEA, 6 TAB À 5

Cette finale de la C1 fut un simple match entre deux clubs du championnat anglais. C. Ronaldo ouvrit le score puis Frank Lampard égalisa. Les deux clubs n'avait pas l'impression de jouer un match de Coupe d'Europe et encore moins une finale. Côté Red Devil, C. Ronaldo rata son tir au but. Dans le camp londonien, John Terry, gêné par le terrain glissant, rata totalement sa frappe. Et Nicolas Anelka fut tout aussi malheureux. Le héros de la soirée se nommait Edwin van der Sarr. Le portier néerlandais envoya ses partenaires de MU en tribunes pour aller chercher le trophée. C. Ronaldo s'allongea sur la pelouse, tout à sa joie : il avait gagné en ayant raté son tir.

DAVID TREZEGUET

9 JUILLET 2006 // ITALIE 1-1 FRANCE, 5 TAB À 3

Expulsé à la 100e minute des prolongations, Zidane ne pouvait pas participer aux tirs au but alors qu'il avait marqué sur penalty dans le match d'une panenka. Bien décidés à ne plus revivre le cauchemar de 1998, les Italiens réussirent 5 tirs au but sur 5 quand les Français ne parviennent pas à en inscrire plus de 3. Deuxième tireur pour la France, David Trezeguet échoue et endosse la charge du maudit, six ans après voir envoyé la France au paradis. Fabio Grosso, non loin du Français, savoure son tir du gauche qui a donné une nouvelle Coupe du monde à l'Italie, après celles de 1934, 1938 et 1982. La France stagne avec une seule. L'autre héros du match fut Materazzi, auteur de l'égalisation et de l'expulsion de Zidane.

LIONEL MESSI

26 JUIN 2016 // CHILI 0-0 ARGENTINE, 4 TAB À 2

L'Argentin est maudit en sélection depuis qu'il a remporté la médaille d'or au tournoi de football des J.O. 2008. Les contre-performances parlent d'elles-mêmes. 4 juillet 2015 : Chili-Argentine (0-0, 4 tab à 1). Premier tireur, Messi rate... 26 juin 2016 : Chili-Argentine (0-0 4 tab à 2). Premier tireur, Messi rate... Messi a perdu trois finales de la Copa America sur 3 ! À cette série noire, il faut rajouter la finale de la Coupe du monde 2014 perdue contre l'Allemagne 0-1 après prolongations. Persuadé d'être un chat noir avec l'Albiceleste, Messi annonça sa retraite internationale après son échec de 2016. Une décision qui a tant secoué la fédération argentine et les sponsors que Messi se rétracta pour rejouer avec sa sélection nationale.

UNE IMAGE
pour l'éternité

Il est impossible de conserver présent à l'esprit l'intégralité d'un match aussi éphémère qu'une représentation théâtrale. Des grandes rencontres ne subsiste souvent qu'une image qui synthétise toute la rencontre. La plupart des matchs n'ont pas cette chance. Ils partent directement dans la décharge de l'oubli définitif.

Pelé

Beckenbauer

CHARLES DE GAULLE GARDIEN DE BUT IMPROVISÉ

Le 21 mai 1967, alors qu'il assiste à la finale de la Coupe de France Lyon-Sochaux (3-1), le général vit venir sur lui un ballon dégagé à l'aveugle dans les tribunes par Hector Maison, l'Argentin de l'O.L. Le président de la République se leva de son siège, bloqua le ballon et le renvoya sur le terrain. Même le ballon était heureux de voir le chef de la France libre.

LE BRAS COLLÉ AU CORPS DE BECKENBAUER

Au cours de la demi-finale de la Coupe du monde 1970, avec prolongations, Italie-RFA (4-3), Franz Beckenbauer, blessé après la mi-temps, a tenu à rester sur le terrain car son équipe avait déjà effectué ses deux changements autorisés. Bras bandé, le corps entouré de gros sparadrap, il renvoyait à la mythologie du héros antique. Le 17 juin 1970, les Allemands furent éliminés mais le blessé gagna l'admiration de la terre allemande. Pas besoin d'être allemand pour l'aimer.

BELLINI BRANDIT LA COUPE JULES RIMET

Le capitaine est le premier joueur à brandir une Coupe du monde. Depuis huit ans, le Brésil rêvait chaque jour de cette coupe. Quand Bellini, le défenseur central de Vasco de Gama, soulève le trophée Jules Rimet en 1958 en Suède, il donna pour explication à son geste inhabituel avant lui : « C'est tout à fait par hasard que j'ai brandi la Coupe. » Un geste de fierté et de partage. Du spontané comme le jeu de la Seleção.

LE POING LEVÉ DE PELÉ

Le 21 juin 1970, après avoir ouvert le score de la finale de la Coupe du monde, Brésil-Italie (4-1), d'une tête de toute beauté, Pelé sauta dans les bras de Jairzinho, et leva son poing droit fermé, tout joyeux. Pour Pelé, le football n'a jamais été un métier, c'était un don, une vocation, un plaisir, l'amour de la vie. Pas le poing rageur des esclaves. Le poing du bonheur. Pelé n'est ni noir, ni blanc. Pelé c'est Pelé. Un des hommes les plus importants du xxe siècle, loin devant Hitler, Staline et Mao. Les hommes qui font du bien se comptent sur les doigts de nos deux mains.

LE VISAGE ENSANGLANTÉ DE TERRY BUTCHER

Pendant le match de qualification pour la Coupe du monde 1990, Suède-Angleterre (0-0), Terry Butcher fut touché à la tête et il joua le match tout ensanglanté, y compris le bandeau blanc plein de son sang. Le maillot des Trois Lions avait viré écarlate. Le nom du défenseur signifie le « Boucher ». Il ne l'avait jamais si bien porté. Le capitaine était allé à l'abattoir pour conduire le pays royal à la Coupe du monde en Italie.

PLATINI QUI TIRE DES COUPS FRANCS À L'ENTRAÎNEMENT

Image de la vedette qui est en fait un artiste à la recherche du geste parfait, du geste juste. L'apologie du travail, de la dextérité qui naît de la pratique. Georges Brassens a raison : un don sans effort n'est qu'une manie. Pas de joueurs dans le mur, rien que de dérisoires mannequins en mousse. Au cours des vrais matchs, Platini transformait les défenseurs alignés devant lui en marionnettes désarticulées.

LA JOIE DE TREZEGUET APRÈS SON BUT EN OR

En finale de l'Euro 2000, « Trezegoal » a inscrit le but en or qui a donné le titre à la France devant les Italiens qui se sont vus trop beaux trop tôt. Six ans plus tard David qui rit, on a eu droit à David qui pleure après son échec lors des tirs au but en finale de la Coupe du monde 2006. Six ans de bonheur c'est déjà ça de pris.

LA BISE DE BLANC À BARTHEZ

Pendant la Coupe du monde 1998, juste avant le coup d'envoi des matchs de l'équipe de France, Laurent Blanc se dirigeait vers Fabien Barthez pour l'embrasser sur son crâne chauve. Ce baiser du défenseur central au gardien de but fit couler beaucoup d'encre mais ni l'un ni l'autre ne donnèrent d'explications. Et s'il s'agissait tout simplement de l'expression de l'amitié ?

KANKAVA, LE GESTE QUI SAUVE

Le 30 mars 2014, le Géorgien du Dynamo Kiev sauve la vie du milieu de terrain Oleg Goussev qui était en train de s'étouffer au sol après le tampon reçu par le gardien du FC Dnipro Dnipropetrovsk. Le milieu de terrain parvient à remettre à sa place la langue du joueur K.-O. Après avoir retrouvé ses esprits tout redevint O.K.

L'AGRESSION DE SCHUMACHER SUR BATTISTON

Séville 1982. France-RFA. Un parfum de Troisième Guerre mondiale. Un remake de Verdun, version football. Celui qui nie ce constat est un menteur. Et ce qui devait arriver arriva : Harald Schumacher envoya au tapis Patrick Battiston. Ce n'était pas la guerre mais de la boxe. La France n'eut pas le droit d'aller en finale de la Coupe du monde 1982, non à cause des tirs de Grosse Bertha. Les tirs au but ont suffi.

Les destins MAUDITS

Des footballeurs ont été mis hors-jeu trop tôt, tous de mort violente qu'ils se sont parfois donnés eux-mêmes, parfois pour avoir perdu un match. La démence sévit quelque fois, comme ce jour de septembre 1995 où Igenewari George des Rangers d'Enugu (Nigeria) a été tué par balle à la fin d'un match contre le club de Lagos. Le joueur a été mortellement blessé dans le véhicule de son club.

MOACIR BARBOSA NASCIMENTO

1921-2000 / Brésil

Malheureux perdant de la finale de la Coupe du monde 1950 au Maracaña, Brésil-Uruguay (1-2), le gardien brésilien porta la responsabilité de la défaite. Tout le pays lui reprocha de ne pas avoir su contenir les tirs des visiteurs alors que le Brésil menait 1-0. Juan Alberto Schiaffino égalisa à la 66e minute et Alcides Ghiggia marqua le but décisif à la 79e minute. La vox populi lui en voulait de ne pas avoir fermé la porte sur le second but uruguayen. Des malveillants ont démonté la maudite cage de but pour l'offrir au gardien. Avec les montants en bois, il fit un barbecue.

DUNCAN EDWARDS

1936-1958 / Angleterre

Double vainqueur du championnat anglais (1956 et 1957), le milieu de terrain est mort dans le crash aérien le 6 février 1958 qui a tué vingt-trois personnes dont huit joueurs de Manchester United. Edwards était le plus grand espoir des Red Devils. Sir Bobby Charlton a déclaré qu'il n'avait plus jamais revu un aussi parfait footballeur que son ami mort pour avoir défendu Manchester United.

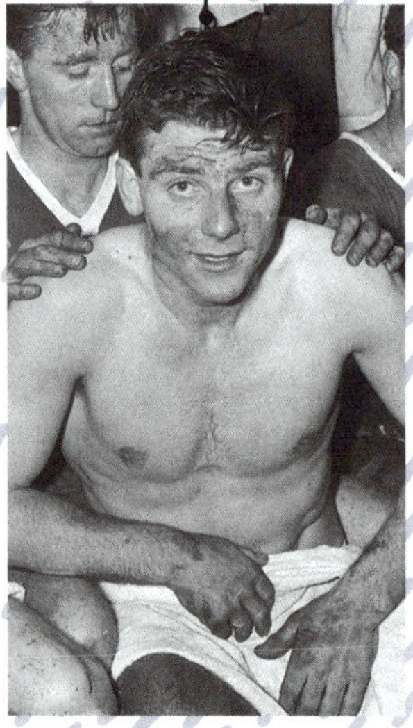

SÁNDOR KOCSIS

1929-1979 / Hongrie

Joueur cadre du Onze d'or, le buteur a marqué 75 buts en 68 matchs sous le maillot grenat de sa sélection nationale. Il fut sacré meilleur buteur de la Coupe du monde 1954 avec 11 buts dont 7 de la tête. Sa grande spécialité fit qu'on l'appelait « Tête d'or ». Il finit sa carrière au Barça : en 1956, il s'était exilé en Espagne après l'intervention des chars soviétiques en Hongrie. Condamné par la médecine qui lui annonce un cancer, il se défenestre d'une clinique le 22 juillet 1979.

JEAN-PIERRE ADAMS

France

Le défenseur central international qui joua à Nîmes, Nice et Paris est dans le coma depuis le 17 mars 1982 des suites d'une anesthésie qui a mal tournée. Enfermé en lui-même, le joueur combat contre la mort avec la même force qu'il défendait son équipe, balle au pied.

ALBERT EBOSSÉ BODJONGO

1989-2014 / Cameroun
Le 23 août 2014, malgré un but de son jeune attaquant marqué sur penalty, JS Kabylie perd 2-1 face à l'USM Alger. À quelques mètres de l'entrée des vestiaires, Albert Ebossé Bodjongo reçoit sur la tête une pierre lancée par des supporters de la JS Kabylie. Le joueur meurt à l'hôpital des suites d'un traumatisme crânien.

VALENTINO MAZZOLA

1919-1949 / Italie
Le 4 mai 1949 l'avion qui transporte l'équipe du Torino s'écrase sur la basilique de Superga. Parmi les victimes on dénombre, l'international, père de Sandro Mazzola. L'attaquant, auteur de quatre triplés en 1946-1947, venait de gagner cinq championnats (1943, 1946, 1947, 1948 et 1949). Dix-huit joueurs du Torino ont péri dans l'accident dont les Français Émile Bongiorni et Roger Grava.

JUSTIN FASHANU

1961-1998 / Angleterre
D'origine nigérienne, l'attaquant anglais s'est pendu le 2 mai 1998 après avoir fait son coming out. Ancien grand espoir de Nottingham Forrest, il a tout le temps subi des attaques déguisées en plaisanteries parce qu'il allait dans des night-clubs gays.

ROBERT ENKE

1977-2009 / Allemagne
Le gardien de but de Hanovre 96 s'est jeté sur la voie ferrée au passage d'un train, le 10 novembre 2009. Il était inconsolable depuis la mort de sa fille, disparue trois ans plus tôt.

MARC-VIVIEN FOÉ

1975-2003 / Cameroun
Le milieu de terrain de Manchester City est mort le 26 juin 2003, pendant la demi-finale Cameroun-Colombie de la Coupe des confédérations 2003 sur le terrain du stade de Gerland de Lyon. Mort subite. Le cœur a lâché.

ANDRÉS ESCOBAR

1967-1994 / Colombie
À la sortie d'un bar, le 2 juillet 1994, un tueur attendait pour vider un chargeur sur l'international qui n'eut aucune chance de s'en sortir. Le « contrat » venait d'un collectif de parieurs mécontent du but contre son camp inscrit malencontreusement par Escobar lors de Colombie-États-Unis (1-2), le 22 juin 1994 en Coupe du monde.

RONALDINHO

Le magicien qui osait l'impossible

★

France (PSG), Espagne (Barcelone), Italie (Milan AC) ou Brésil, partout où il a joué Ronaldino a fait le spectacle. Le Ballon d'or 2005 a incarné le footballeur dribbleur, buteur, passeur de manière prodigieuse. Des médisants l'ont fait passer pour un noceur passant ses nuits à faire la fête mais il a joué jusqu'à 35 ans au terme de plus de 700 matchs.

À 13 ans, il a marqué 23 buts dans un match. Voilà de quoi asseoir une réputation naissante de star qui sera confirmée en 1997 par le titre de champion du monde des moins de 17 ans conquis avec le Brésil. Ronaldinho a tout le temps joué de la même façon dès lors qu'il a couru avec un ballon. Le ballon pour lui c'est un ami. Il le caresse, il le pousse devant lui, le contrôle pour le faire avancer le mieux possible et s'il l'expédie loin de son espace vital, avec plus ou moins de force, c'est toujours au bénéfice du rendement de son équipe. Double contact, dribble, inter-exter, coup du sombrero, passe aveugle, passe du dos, râteau, coup du foulard, roulette, passe du bas des reins, le magicien des pelouses sait tout faire, véritable jongleur de cirque devenu footballeur.

Quand il quitte le Grêmio pour le PSG, en 2001, il est considéré comme l'étoile montante du football. À 21 ans, il arrive en France pour honorer un contrat de 5 ans. Sa classe est visible dès son premier match et il devient le pôle d'intérêt numéro 1 du football français. Au plan international, il grimpe encore dans la hiérarchie quand il devient champion du monde 2002, élément très actif du trio de luxe : Ronadinho, Ronaldo et Rivaldo, le triumvirat historique des trois « R » vainqueur de l'Allemagne (2-0). À Paris, ses rapports avec l'entraîneur Luis Fernandez virent au conflit père-fils et dans ce cas-là le second veut toujours s'émanciper du premier. Ne faisant pas mieux que finaliste de la Coupe de France 2003, perdue contre Auxerre (2-1), Ronaldinho prend ses clics et ses clacs pour signer à Barcelone, laissant sur le carreau Manchester United et le Real Madrid qui voulaient aussi le recruter. Le transfert est annoncé aux alentours de 30 M €, ce qui avec le recul et les prix pratiqués correspond à un cadeau vu le rendement de « Ronnie » au Barça.

La Liga est un terrain de jeu qui convient parfaitement au talent très démonstratif de Ronaldinho qui fait des esquives comme d'autres font de l'albumine, ne pouvant pas s'empêcher de faire des feintes de corps. Dès qu'il en a l'occasion, il réalise le « coup de l'élastique » : de l'extérieur droit il fait semblant de partir de ce côté, puis d'un coup sec reprend le ballon de l'intérieur avec le même pied pour partir à gauche. Cette feinte baptisée Flip-flap faisait partie du carquois de Rivelino, le champion du monde 1970. Ronaldinho perpétue la tradition de l'excellence. Entre 2003 et 2008, il gagne deux championnats (2005, 2006) et surtout la Champions League 2006 au terme de la finale contre Arsenal battu 2-1 au Stade de France, ce qui donne des regrets aux Français qui ne voient plus ce Merlin l'enchanteur qu'à la télévision. Ronaldinho appartient aux joueurs qui rendent beau le football parce qu'il cherche toujours à faire le spectacle avec l'ambition de marquer ou faire marquer. Ronaldinho est un joueur de ballon qui a su devenir footballeur. Il n'a jamais fait un numéro de soliste pour se faire applaudir au détriment de ses partenaires.

MEILLEURS ENNEMIS

les rendez-vous

Les derbys sont toujours les matchs que les fans encerclent de rouge dès qu'ils reçoivent le calendrier de la nouvelle saison. Gagner le championnat, c'est très bien mais gagner le derby c'est tout aussi important. Être champion de son « coin », ça compte quand on se croise tous les jours. Un titre national est moins perceptible.

BOCA JUNIORS ★ RIVER PLATE ★

Les deux clubs de Buenos Aires sont plus qu'opposés. River Plate représente les riches et Boca Juniors, les pauvres. Les clubs se rencontrent à la Bombonera, stade toujours plein à craquer pour voir le duel. Maradona a été joueur de Boca Juniors. C'est le stade de toutes les exubérances et c'est tant mieux.

REAL MADRID ★ BARCELONE ★

La première confrontation entre les plus grands clubs espagnols remonte à 1902. Les deux villes se rencontrent au minimum deux fois par an, parfois plus avec les Coupes. Leur rivalité ne démord pas. Le Real, c'est Di Stefano, Puskás, Kopa, Gento, Raul, Zidane, C. Ronaldo... Le Barça, c'est Kubala, Kocsis, Cruyff, Ronaldinho, Messi, Xavi, Iniesta... Luis Figo et Ronaldo 1er, eux sont passés du Barça au Real, ce n'est pas très recommandé.

FLAMENGO ★ FLUMINENSE ★

On dit « Fla-Flu » pour gagner du temps, telle une accélération dans le jeu. À Rio de Janeiro, le berceau des deux clubs, on raconte : « Lorsque Dieu a créé le monde, après Eve et Adam, il a créé le derby carioca... » Les matchs convoquent tous les amateurs de beau jeu au Maracaña et en avant la musique ! Au début du xxe siècle, Fulminense, fief des aristocrates, ne faisait jouer que des blancs. On surnommait le club « Poudre de riz » parce que des métis tolérés devaient se maquiller le visage avant de sortir sur le terrain.

MILAN AC ★ INTER MILAN ★

Les deux équipes jouent dans le même stade qui a deux noms : Guiseppe-Meazza pour l'Inter et San Siro pour le Milan AC. L'Inter a été fondé en 1908 par des dissidents du Milan AC qui voulaient un club plus ouvert aux étrangers d'où le nom « Internazionale ». Les deux clubs ont eu des périodes glorieuses avec Sandro Mazzola côté Inter et Rivera côté Milan AC. Les oppositions se déroulent devant 80 000 personnes. Les tribunes derrière les cages glacent le sang des autres équipes.

BENFICA
⋆ SPORTING DE LISBONNE ⋆

Le duel entre les clubs se déroula le 1er décembre 1907 avec une victoire du Sporting (2-1). Le Sporting n'a pas le prestige international de Benfica car il n'a jamais gagné la Coupe d'Europe des clubs champions. Depuis le 1er décembre 1907, la rivalité n'a jamais cessé. Quelques lisboètes se souviennent même que l'écrivain iconique Fernando Pessoa y voyait un motif d'élever l'âme des habitants. On peut être lisboète et poète.

MANCHESTER UNITED
⋆ MANCHESTER CITY ⋆

La concurrence entre les deux clubs ne s'est mise entre parenthèse qu'une seule fois : à Old Trafford lors du derby tombé le jour du 50e anniversaire du crash de Munich 1958 qui a tué la première grande génération de Red Devils qui s'apprêtait à donner du fil à retordre au Real Madrid. À part à cette occasion, ce n'est qu'une histoire de railleries et de critiques. Aujourd'hui, les deux clubs sont passés sous pavillon étranger mais les tacles oraux persistent. À présent, City n'est plus moins riche que son voisin.

SAINT-ÉTIENNE
⋆ LYON ⋆

Ce n'est pas une ville, mais une région qui se déchire pour avoir le leadership. La France a choisi depuis longtemps Saint-Étienne, fabrique de souvenirs depuis l'épopée verte des années 1970. La fièvre verte est retombée car Lyon a repris du poil de la bête avec un président qui ne laisse que des miettes à la concurrence. Bon an mal an, il maintient le cap de l'espérance. La star de Lyon, c'est son président. À l'ASSE, cela reste l'équipe. Dans nos mémoires, les Stéphanois Herbin, Mekhloufi et Rocheteau affrontent les Lyonnais Di Nallo, Lacombe et Juninho. Match pas nul.

GLASGOW RANGERS
⋆ CELTIC GLASGOW ⋆

Le match de manière cyclique oppose deux religions. Ici ce n'est plus le football qui est l'opium du peuple, mais c'est bien la religion. À Glasgow, chacun campe sur ses positions, question hérédité. L'Écossais est soit Rangers/protestant soit Celtic/catholique. C'est facile à différencier : C comme Celtic, C comme catholique. Le football n'adoucit pas les mœurs. Cultiver la haine ne grandit pas.

D'AUTRES DUELS À FAIBLE DISTANCE

Roma ϟ Lazio ★ Juventus de Turin ϟ Torino ★ Levski Sofia ϟ CSKA ★ Manchester United ϟ Liverpool ★ Everton ϟ Liverpool ★ Arsenal ϟ Tottenham ★ Chelsea ϟ Arsenal ★ Tottenham ϟ Chelsea ★ Fulham FC ϟ Queens Park Rangers FC ★ FK Étoile rouge de Belgrade ϟ FK Partizan Belgrade ★ Catane ϟ Palerme ★ Real Madrid ϟ Atlético de Madrid ★ FC Barcelone ϟ RCD Espanyol de Barcelone ★ Shamrock Rovers ϟ Bohemians ★ Borussia Dortmund ϟ Schalke 04 ★ Bayern de Munich ϟ TSV 1860 Munich ★ Rapid Vienne ϟ Austria Vienne ★ Canon Yaoundé ϟ Tonnerre Yaoundé ★ Besiktas ϟ Galatasaray ★ Panathinaïkos ϟ Olympiakos ★ Sunderland ϟ Newcastle ★ Marseille ϟ PSG ★ Monaco ϟ Nice ★ Nice ϟ Marseille ★ Lille ϟ Lens ★ Metz ϟ Nancy ★ JS Kabylie ϟ MC Alger ★ Excelsior ϟ Racing Club de Roubaix ★ Stade Français ϟ Racing Club de Paris...

ENTRAÎNEURS *mais pas joueurs*

Il ne suffit pas d'avoir été un grand joueur pour devenir un grand entraîneur : pour un Cruyff combien de Maradona ! Tous les entraîneurs de renom n'ont pas été des lumières sur le terrain. Un entraîneur à des qualités qu'il n'a pas forcément exprimées dans une carrière professionnelle de haut niveau.

GUY ROUX

LE DÉCOUVREUR DE TALENTS

Joueur amateur, l'entraîneur charismatique a passé un demi-siècle à Auxerre qu'il a pris dans les plus petites divisions pour parvenir à gagner le championnat de D1 1996 et quatre Coupes de France. Avant qu'il n'entraîne Auxerre, personne ne savait situer la ville sur la carte de France, à part ses habitants. Il a prouvé qu'il savait former des jeunes joueurs. Aurait voulu devenir sélectionneur des Bleus mais cette fonction est une chasse gardée. Qualité : sait tout faire. Manque : n'a pas entraîné un grand club.

JOSÉ MOURINHO

LE MERCENAIRE MALIN

Sa carrière de joueur est une ombre par rapport à son palmarès d'entraîneur. Partout où il passe – ou presque – il gagne aussi bien des titres nationaux qu'européens. Grand meneur d'hommes, il est doué pour relancer un club si on lui donne beaucoup d'argent pour y faire venir de très grands joueurs. Sur le long terme ne forme pas de jeunes joueurs. Le mercenaire a de l'arrogance qu'il masque en humour au quatrième degré. Sait manipuler les médias. Bon entraîneur dans de grands clubs mais que ferait-il à Metz ? Qualité : gagneur. Manque : humilité.

ARSÈNE WENGER

LE PÈRE SPIRITUEL

Après une carrière de joueur professionnel très modeste en Alsace, l'entraîneur débute à Nancy puis va à Monaco où il remporte un championnat (1988) et une Coupe de France (1991). Ensuite, il part au Japon (Nagoya Grampus) mais le football européen lui manque et il signe à Arsenal qu'il refonde de fond en comble. Les Anglais, très axés sur eux-mêmes, plaisantent sur son manque de palmarès puis se ravisent devant les qualités de l'homme. Wenger redonne une identité de jeu à Arsenal qui n'en avait plus du tout. Les Gunners regagnent des titres mais ratent la finale de C1 2006 contre Barcelone (1-2). À partir de ce rendez-vous manqué, il est à la recherche d'un second souffle. Qualité : travailleur sans limite. Manque : ne supporte pas la pression d'un club du top 3.

GÉRARD HOULLIER

DOCTEUR HONORIS CAUSA DES REDS

Du Touquet à Liverpool, la route a été belle, longue et parfois chaotique. Petit joueur amateur, grand entraîneur professionnel. Il a fait du bien à la corporation française, prouvant qu'il savait diriger un club de la dimension de Liverpool. Champion de France avec Paris et Lyon, il n'a pas su faire gagner la Premier League aux Reds. À la tête de la sélection des Bleus, il n'a pas obtenu le ticket pour la Coupe du monde 1994. Après une grosse frayeur cardiaque s'est mis en retrait du terrain. Qualité : bon dialecticien. Manque : le tournoi mondial américain...

RAFAEL BENÍTEZ

LE POMPIER DE SERVICE

Pour l'essentiel, il a joué en seconde division. À Liverpool, l'entraîneur a réussi à glaner la C1 2005 devant le Milan AC. Depuis son passage chez les Reds, il est rentré dans le rang, suite à son échec au Real Madrid où il n'a pas laissé un grand souvenir alors qu'il y a fait presque toute sa carrière en L2. N'étant pas un ancien joueur glorieux, il souffre d'un déficit d'image publique, si importante dans le football moderne où la compétence n'est pas reconnue s'il n'y a pas une part d'esbroufe médiatique. Qualité : discrétion. Manque : un label identifiable.

LUCIANO SPALETTI

LE SECOND RÔLE TÊTE D'AFFICHE

Joueur de Serie C, il s'est installé dans le chapeau des grands entraîneurs de Serie A, surtout à la Roma. Comme il n'a jamais gagné de championnat en Italie, il est revenu à l'Inter Milan après son épisode Zénith Saint-Pétersbourg et un bref retour à Rome l'année des adieux de Totti. Dans la capitale, il s'est révélé avec trois places de vice-champion à la suite (2006, 2007 et 2008) et deux Coupes d'Italie (2007 et 2008). Qualité : infatigable. Manque : un titre de Serie A.

SVEN-GÖRAN ERIKSSON

LE COUCOU DU FOOTBALL

Défenseur de métier dans le football suédois de second rang des années 1970, l'entraîneur a œuvré dans une vingtaine de clubs, ricochant de pays en pays, avec un temps fort (sélectionneur de l'Angleterre, 2001-2006). Depuis son passage à Manchester City (2008), il bat des records d'instabilité : du Mexique, il est allé en Côte d'Ivoire pour atterrir en Chine, le nouvel Eldorado de tous les globe-trotteurs du football. Qualité : caméléon : Manque : constance.

LES BUTS *qui restent*

Des millions de buts ont été marqués mais quelques-uns restent ancrés dans les mémoires et pas forcément des fans. Des buts toujours inscrits en Coupe du monde, en C1 et en Coupe d'Angleterre, le plus ancien trophée du football.

ALCIDES GHIGGIA

16 juillet 1950

Dans leur antre du Maracaña, les Brésiliens voulaient vite vieillir pour voir la fin de la Coupe du monde 1950 depuis qu'ils avaient ouvert le score à la 47e minute. Quand l'Uruguayen Schiaffino égalisa à la 66e tout le pays retint son souffle jusqu'au but d'Alcides Ghiggia à la 79e minute, fatal couperet de guillotine. Le Brésil était vaincu dans son stade. Son gardien, Barbosa, devint paria national.

PELÉ

21 juin 1970

Pendant la finale 1970, Brésil-Italie (4-1), à la 87e minute, le Brésil remonte le ballon de son camp pour arriver à Jairzinho qui transmet la sphère à Pelé. Instant de grâce absolue, Pelé, sans se retourner contrôle le cuir du gauche et fait une passe à Carlos Alberto qui arrive comme un TGV de son camp. Pelé n'a pas regardé, offrant la plus grande passe à l'aveugle de toute l'histoire. Sa gestuelle fut d'une sérénité infinie. On eut dit un ralenti.

ÉRIC CANTONA

11 mai 1996

La finale de la FA Cup 1996 Manchester United-Liverpool (1-0) approchait des prolongations quand, à la 85e minute, les Red Devils bénéficièrent d'un corner, côté droit. David Beckham, un as de la spécialité, le tira vers le point de penalty là où il y avait une marée humaine. Éric Cantona préféra se tenir à la lisière de la surface de réparation. Le gardien de Liverpool (David James) dégagea du poing. Le ballon arriva sur captain Cantona qui recula pour ajuster une reprise de volée, à travers une forêt de jambes. Le serrurier trouva la clef du match et les fans de MU entonnèrent : Ooh-Ah, Éric Cantona.

ZINEDINE ZIDANE

15 mai 2002

À la 45e minute de la finale de C1 2002, Real Madrid-Bayer Leverkusen (2-1), Roberto Carlos disputa un ballon qu'il envoya en chandelle vers la cage adverse. Anticipant le coup à venir, Zidane se plaça à l'affût et avec une parfaite coordination se mit en situation d'amorcer une reprise de volée du gauche pour marquer en pleine lucarne. Le score ne bougea plus après ce magistral second but madrilène.

DIEGO MARADONA

29 juin 1986

Contre l'Angleterre, Maradona fut le diable et le bon Dieu. Le diable avec son but de la main et le bon Dieu quand, parti de son camp, il a passé en revue toute l'équipe d'Angleterre (2-1) pour battre le gardien. Seul, à la 55e minute, il envoya l'Argentine en demi-finale de la Coupe du monde 1986, la « sienne ». Deux seuls autres joueurs dans d'autres circonstances, ont réalisé un tel gymkhana au milieu d'autant adversaires : Lionel Messi et Ryan Giggs.

GEOFFROY HURST

30 juillet 1966

Le score d'Angleterre-Allemagne était 2-2 quand, dans les prolongations, Geoffroy Hurst, à la 101e minute, tira sur la barre. Le ballon rebondit sur le devant de la cage pour ne pas y entrer. Des torrents d'encre ont coulé pour essayer d'y voir clair. L'histoire ne sait toujours pas s'il y avait but ou non. L'arbitre, lui, l'accorda. Hurst marqua encore un troisième but et l'Angleterre fut sacrée championne du monde devant des Allemands furax.

RONALDO

L'enfant blessé du football

★

L'histoire est pleine d'histoires, et celle de Ronaldo est un temps fort de la galaxie football. Il suffit de savoir qu'il a marqué 62 buts en 98 sélections avec le Brésil pour saluer son talent symbolisé par beaucoup de puissance, un bel enchaînement de dribbles servi par une impeccable conduite de balle.

Il y a trois Ronaldo, par ordre d'entrée en scène : Ronaldo Luis Nazário de Lima, Ronaldo de Assis Moreira et Cristiano Ronaldo dos Santos Aveiro. Pour se distinguer, le plus jeune des deux Brésiliens a choisi de s'appeler Ronaldinho, ce qui signifie le « Petit Ronaldo » alors que son talent est XXL. Le troisième, a choisi de s'appeler simplement Cristiano Ronaldo. Des observateurs mal intentionnés disent que l'aîné des trois est le seul « vrai » Ronaldo mais à la vérité chacun a gagné sa place parmi les vingt meilleurs joueurs de l'histoire. Ronaldo le Brésilien, disons Ronaldo 1er, avait un football beaucoup plus merveilleux que ses looks souvent indignes de son statut, telle sa coupe de cheveux ratée style Tintin 2002. Sur Ronaldo 1er on dit tout et finalement tous s'accordent pour dire qu'il s'agit d'un « phénomène ». Il a entretenu sa légende de joueur médicalisé car le matin de la finale de la Coupe du monde 1998, perdue contre la France (0-3), il est allé à l'hôpital. Motif : coup de fatigue à force d'avoir joué au jeu vidéo. On n'a jamais su le fin mot de l'histoire.

Ses multiples blessures, liées à une augmentation de sa masse musculaire, ont déclenché beaucoup d'interprétations sur l'attaquant qui adorait s'infiltrer dans les défenses avec beaucoup d'explosivité au péril des articulations du genou. Mal conseillé, il a même fait une émission de télé-réalité où le jeu consistait à perdre le plus de poids. Cependant, des avants-centres comme Ronaldo 1er on n'en voit plus et on n'en voyait pas avant lui. Plus personne n'a assez de puissance pour ce poste qui requiert force physique et adresse. L'attaquant Fred qui lui a succédé dans la Seleção a encore rendu plus grand Ronaldo 1er, excellent pendant la Coupe du monde 2002, avec de multiples raids solitaires et solidaires. Les statisticiens lui attribuent deux Coupes du monde dont celle de 1994 où il n'a pourtant pas joué un seul match.

Très souvent blessé, il a toujours retrouvé les ressources mentales pour revenir au plus haut niveau, comme l'attestent ses deux Ballons d'or 1997 et 2002. Chouchou des médias, il n'a pas à se plaindre de sa liste de trophées individuels. Lors de sa rupture partielle du tendon rotulien de la jambe droite, le 21 novembre 1999, on ne lui donnait pas beaucoup de chance pour se remettre d'aplomb sans avoir à souffrir de graves séquelles. Il fut soigné par le professeur Gérard Saillant, éminent chirurgien orthopédiste et traumatologique, qui le remit sur pied à l'hôpital de la Pitié-Salpêtrière où le joueur de l'Inter Milan a eu la joie de recevoir la visite de Zidane, alors joueur de la Juventus de Turin. Cette rencontre sans présence de la presse, en dehors de tout tapage publicitaire organisé par des agents, a scellé un profond respect entre les deux champions qui se retrouvèrent au Real Madrid à partir d'août 2002 pour former les Galactiques avec Beckham, Owen, un regroupement plus impressionnant sur le papier que sur le terrain, surtout que le Real Madrid venait de gagner la C1 avec Zidane, pour seul leader de terrain.

CBF
BRASIL

Ils avaient un GRAND MÉCHANT LOOK

Il y a look et look. Il ne suffit pas de se recouvrir de tatouages et d'avoir un piercing dans une narine pour imprimer sa personnalité. Les looks qui ont marqué sont ceux qui n'ont pas été calculés.

OMAR SIVORI

JUVENTUS DE TURIN

L'Italo-Argentin jouait bas baissé, histoire de dire qu'il n'avait peur de rien ni de personne. Le gaucher, Ballon d'or 1961, était un buteur aux dribbles imprévisibles. D'autres joueurs évoluaient aussi bas baissés : Yvon Douis, Delio Onnis, Marius Trésor, Luis Fernandez, Laurent Blanc, Michel Platini...

DOMINIQUE ROCHETEAU

SAINT-ÉTIENNE

L'équivalent de Best et des Néerlandais, version française. Les médias le baptisèrent « Ange vert », le diable vert pour les défenseurs. Son dribble tendait vers l'arme de destruction massive. Fait pour jouer à Liverpool, il a dû se contenter de l'Hexagone. Rien n'était calculé dans son image. Il aimait vraiment la batterie et lire de vrais livres.

GEORGE BEST

MANCHESTER UNITED

Il avait tout d'un musicien, échappé des Beatles, Rolling Stones ou Pink Flyod. Jamais on n'avait vu un footballeur avec une telle allure de seigneur des temps modernes. On voulait être lui ou être avec lui. Tous ses partenaires ressemblaient à des pères. Lui c'était notre ami. Un frère supplémentaire.

MICHEL PLATINI

JUVENTUS DE TURIN

Le meneur de jeu appartient à cette catégorie de joueurs rarissimes qui donnent la chair de poule dès qu'ils touchent le ballon. Le fait de jouer avec le maillot à l'air libre a accentué sa liberté d'action qu'il illustrait dès qu'il avait la balle. Les joueurs dont le bas du maillot était coincé sous l'élastique du short donnaient une impression de jeu cadenassé.

JOHAN CRUYFF

ET SON ORCHESTRE DES ANNÉES 1970

Ce fut une vague générationnelle d'une intensité grandiose. Cheveux longs, grands, solides, sympas tous des footballeurs de l'ère de la pop-music. Un orchestre avec plein de George Best. Ils faisaient de la musique avec un ballon.

ÉRIC CANTONA

MANCHESTER UNITED

Un jour, il releva le col de son maillot et tout le monde voulut faire comme lui. À la différence près que Cantona, avec le col relevé, avait la rigidité impériale d'Éric von Stroheim dans *La Grande illusion*. Le col relevé, ce n'était pas une lubie pour se donner un genre à part. L'artiste était sujet au torticolis. Mieux vaut prévenir que guérir.

Éric Cantona

Johan Cruyff

Omar Sivori

Dominique Rocheteau

George Best

Michel Platini

LE VESTIAIRE *des arbitres*

Ceux qu'on a longtemps appelé « les hommes en noir » sont désormais des arbitres avec davantage de couleur, agrémentée de publicité floquée sur leur maillot. Il est de tradition de dire qu'un bon arbitre ne doit pas se voir pendant le match car cela garantit qu'il n'a pas fait d'erreur de jugement. À l'opposé de la discrétion, d'aucuns ont été starifiés pour de mauvaises raisons.

ROGER MACHIN

FRANCE

Le 11 juin 1970, à Guadalajara, au Mexique, Roger Machin (ci-dessus) arbitre Angleterre-Tchécoslovaquie (1-0) où il accorde un penalty aux Anglais transformé à la 50e minute par Allan Clarke, l'attaquant de Leeds United. Le referee estampillé à l'écusson FIFA est un arbitre français, de la ligue du Nord-Est, récompensé pour services rendus au football pendant les années 1960 où il officia en D1. Son nom était sujet à de multiples quolibets et autres invectives.

JEAN TRICOT

FRANCE

Jean Tricot, un des confrères de Roger Machin, de la ligue de Normandie, subissait le même sort. Les arbitres enduraient des manifestions hostiles de la foule et les matchs, non filmés, permettaient aux joueurs d'user de roublardise répréhensible.

IAN FOOTE

ÉCOSSE

Samedi 9 octobre 1976, à Sofia, lors de Bulgarie-France (2-2), l'Écossais ne passa pas inaperçu, à cause de son nom qui le prédestinait au football, et aussi de ses décisions qui ne furent pas appréciées côté français : il accorda aux Bulgares un but alors qu'ils étaient hors-jeu, puis pour finir un penalty imaginaire mais, maladroit, le tireur envoya le ballon à l'extérieur de la cage de Dominique Baratelli. Le score pour la qualification à la Coupe du monde 1978 n'eut donc pas d'incidence défavorable sur le parcours des Bleus pour aller en Argentine. Depuis 1966, la France n'avait plus participé à un tournoi mondial. De quoi énerver le commentateur Thierry Roland (1937-2012) qui au micro d'Antenne 2 piqua l'une de ses colères épiques qui réjouissaient les téléspectateurs tout acquis à la France.

ROBERT WURTZ

FRANCE

Entre 1960 et 1990, il fut d'évidence l'arbitre le plus spectaculaire. Dans certains matchs, il volait la vedette aux joueurs. Il piquait des sprints pour siffler une faute, créant de véritables chorégraphies. Reconnu au plan international, il a arbitré des matchs qui ont fait date, telle la finale de la Coupe d'Europe des clubs champions 1977, Liverpool-M'gladbach (3-1). D'autres ont été diversement appréciés : le 21 juin 1978, Argentine 6-0 Pérou n'est pas passé inaperçu car les Argentins avaient besoin de faire un carton pour accéder à la finale de la Coupe du monde, chez eux, qu'ils gagneront face au Pays-Bas sans Cruyff. En France, son arbitrage de Nice-Saint-Étienne (1-1), le 11 mars 1976, fleura le sens unique : deux penaltys en faveur des Aiglons ont été oubliés dans ce match entre favoris de la L1 qui sera remporté par les Verts. Il fallait bien sûr être niçois pour rouspéter, cela va sans dire. Son sens du spectacle a été utilisé par le PAF quand il est devenu animateur d'Intervilles, pour y arbitrer d'autres matchs.

CHARLES CORVER

PAYS-BAS

Les Français ont appris à connaître le Néerlandais lors de Liverpool-Saint-Étienne (3-1), quart de finale de C1 retour très attendu après la victoire 1-0 à l'aller des Verts qui avaient perdu leur défenseur Oswaldo Piazza, suspendu. À Anfield, le Kop est garni de 24 000 fans anglais debout qui hurlent à qui mieux mieux quand Kevin Keegan ouvre le score à la 2ᵉ minute. Le boulet de canon de Dominique Bathenay, posté à 30 mètres, au retour des vestiaires qualifie les visiteurs jusqu'à la 84ᵉ minute, le temps que les Reds marquent deux fois par R. Kennedy (59ᵉ) et David Fairclough. Plus jamais depuis le 16 mars 1977 les Verts n'ont atteint ce niveau. Ce soir-là, Charles Corver fit son travail. En revanche, le 8 juillet 1982, au cours de la demi-finale de la Coupe du monde, RFA-France (3-3), il laissa le gardien allemand mettre K.-O. Patrick Battiston. Le Français était inconscient sur le terrain transformé en ring de boxe par la brutalité d'Harald Schumacher et par le parti pris de l'arbitre du match. À Séville, l'injustice fut la grande gagnante.

PIERLUIGI COLLINA

ITALIE

Avec son look identifiable, l'Italien, boule à zéro, a recueilli tous les suffrages favorables lorsqu'il était en pleine activité. Sa popularité dépassa le cadre du football puisque les sponsors en firent une icône publicitaire. Il était plus célèbre que la plupart des joueurs sur le terrain des matchs qu'il arbitrait. Cédant rarement à son rang de star médiatique, il n'en rajoutait pas pour se faire remarquer davantage. Il dénaturait rarement les matchs par une mauvaise décision. En 1999, il arbitre la finale de C1 qui voit Manchester United marquer deux buts au Bayern Munich dans les arrêts de jeu pour vaincre 2-1. Teddy Sheringham (91ᵉ) avait répondu à Mario Basler (6ᵉ). Le Norvégien Ole Gunnar Solskjær (93ᵉ) se chargea de réduire en cendres les espoirs bavarois. Les deux buteurs surprises de MU venaient d'être lancés dans la bataille par sir Alex Ferguson pour ramener le trophée à Old Trafford. Pierluigi Collina, en rien stressé par l'intensité du match, a été exemplaire là où un autre arbitre aurait peut-être fait du zèle parce que la fin du match était trop cruelle pour le perdant qui s'est vu trop beau trop tôt.

ANDERS FRISK

SUÈDE

Reconnu comme l'un des meilleurs sifflets de sa génération, le Suédois a été sollicité sans cesse par l'UEFA et la FIFA pour arbitrer les grandes compétitions, par exemple la finale de l'Euro 2000, France-Italie (2-1). Le 15 septembre 2004 en match de poules de la C1, il est blessé par un projectile lancé des tribunes, à Rome, lors de Roma-Dynamo Kiev. Le visage en sang, il arrête le match et les Romains seront déclarés battus 3-0 sur tapis vert avec deux matchs à domicile à huis clos. Le 24 février 2005, le Suédois arbitre le 8ᵉ aller de C1 perdu par Chelsea à Barcelone (2-1). L'expulsion de Didier Drogba, onze minutes après le début de la deuxième période, fit basculer la rencontre en faveur du Barça (2-1). Suite à ce match, l'arbitrage d'Anders Frisk fut critiqué par José Mourinho : l'entraîneur du club londonien condamne une visite de son homologue du Barça, Frank Rijkaard, dans le vestiaire des arbitres à la mi-temps. La polémique s'envenime et Anders Frisk reçoit des menaces de mort contre lui et sa famille. Trop, c'est trop ! Le 12 mars 2005, il annonce sa retraite, dégoûté par le football business. Entre-temps, Chelsea se qualifia pour les quarts de finale mais Anders Frisk avait tourné la page : le football – hélas ! – venait de perdre un très grand arbitre.

Les footballeurs
HÉROS DE LA GUERRE

La Première Guerre mondiale a broyé des millions de jeunes hommes promis à un bel avenir sur les terrains. Parmi les revenus de l'enfer, le héros Lucien Gamblin, ancien capitaine des Bleus, et Vivian Woodward, l'attaquant de Chelsea, gravement blessé à la jambe. Julius Hirsch, champion d'Allemagne, et Bruno Neri, du Torino, eux ont été tués par les nazis pendant la Seconde Guerre mondiale. Saturnino Navazo, déporté à Mauthausen, lui, a adopté un enfant dans le camp de la mort. Le contre-exemple fut Alexandre Villaplane, international et notoire collaborateur fusillé le lendemain de Noël 1944.

ÉTIENNE MATTLER

RINO DELLA NEGRA
(1923-1944)
Red Star

D'origine italienne, le natif du Pas-de-Calais travaille en usine dès ses 14 ans. Passionné de football, il commence à jouer à Argenteuil puis prend sa licence au Red Star. Attaquant, il joue sur l'aile droite. Refusant le STO, il ne va pas en Allemagne et s'engage dans la Résistance, au sein des Francs-tireurs et partisans de la région parisienne, commandée par Missak Manouchian. Ecœuré par les occupants et le régime de Vichy, Rino Della Negra participe à différentes missions très dangereuses dont l'attaque d'un fourgon de convoyeurs de fonds allemand, le 12 novembre 1943. Blessé, il est fait prisonnier. Trois mois plus tard, le 21 février 1943, l'espoir du Red Star est fusillé par les nazis au mont Valérien, dans les Hauts-de-Seine, avec vingt-et-un camarades du réseau Manouchian. Il avait 21 ans.

YVAN BECK
(1909-1963)
FC Sète

Immense vedette de l'avant-guerre, il a écrit les grandes heures du FC Sète de Georges Bayrou (1883-1953), président pionnier qui renforçait son effectif avec des étrangers – très bien payés... – qu'il repérait lors d'incessants voyages en Europe. Il recruta ainsi le buteur yougoslave qui fit gagner à Sète le doublé Coupe et championnat 1934, plus la Coupe de France 1930. Le Serbe, demi-finaliste de la Coupe du monde 1930, avait une force herculéenne et un visage d'acteur de premier rôle qui séduisait tous les gens qui l'approchaient. Sur le terrain, il était impossible à charger à cause de sa protection de balle. En 1935, il se naturalise et joue à Saint-Étienne où le nouvel international français marque plus de 103 buts en 108 matchs ! Au classement des meilleurs buteurs des Verts, il occupe la 8e place, plus de quatre-vingts ans après les faits. En 1937-1938, Beck a participé grandement à l'accession de l'ASSE en D1. Épris de la France, il devient résistant dans le maquis de Sisteron, où il fait preuve comme sur le terrain d'une force de la nature que rien ne peut arrêter. À la Libération, l'artiste fracassé, par les années de guerre, part à la dérive, et finit sur le port de Sète livreur de poissons pour les restaurants. Un héros déchu et déçu. Il meurt dans la rue. Il est mort d'un arrêt cardiaque à sa descente de vélo mais l'ingratitude l'a aussi frappé en plein cœur.

LOUIS DELFINO
(1912-1968)
OGC Nice

Demi-finaliste de la Coupe de France 1931, le Niçois du quartier populaire de Riquier n'a pas connu son père ébéniste mort pendant la Première Guerre mondiale. Très doué pour le football, le pupille de la Nation intègre l'équipe fanion de l'OGCN dès qu'il a 18 ans. Élève brillantissime, il délaisse le ballon rond au moment de la bascule dans le professionnalisme parce qu'il est l'un des meilleurs élèves de l'École spéciale militaire de Saint-Cyr qui a pour devise : « Ils s'instruisent pour vaincre ». Soit un programme qu'il appliquait déjà sur le terrain. En 1934, il obtient son brevet de pilote et quatre ans après, demande à rejoindre les avions de chasse. Pendant la guerre, il devient un héros, ce que sa modestie lui interdisait de dire. Nommé commandant à 28 ans, il rejoint l'escadron de chasse de Normandie-Niemen où il accumule les victoires aériennes sur le front de l'Est, en URSS. Parmi ses admirateurs se trouve le général de Gaulle. Louis Delfino, l'un des plus grands pilotes français, a comptabilisé 4 500 heures de vols. Et ce n'était pas pour faire du tourisme. Le grand patriote devenu général est mort d'une rupture d'anévrisme. J'ai eu le bonheur de le connaître et de parler niçois avec lui. Il est toujours resté attaché au football qui n'avait aucun secret pour lui. Il jouait inter droit, c'est-à-dire l'un des cerveaux de l'équipe. Quand il faisait visiter Nice à des militaires soviétiques, il amorçait un grand geste avec le bras en direction de la promenade des Anglais et de la baie des Anges qu'il embrassait du regard : « Voilà pourquoi nous avons combattu... » Paroles d'Aiglon.

ÉTIENNE MATTLER

(1905-1986)
Capitaine de l'équipe de France

Surnommé le « Balayeur » ou le « Déblayeur », il faisait le ménage dans la défense pour tenir bien propre la maison, selon le jargon du football. Vrai leader de vestiaire et de terrain, le défenseur était un homme sur qui on pouvait compter. Le double champion de France avec Sochaux (1935 et 1938) était d'une solidité impressionnante, un vrai roc de la défense sur lequel les défenseurs venaient buter et perdre le ballon. Mâchoire cassée, il a continué à jouer un match international contre l'Espagne, en 1933. Il était recherché par ses partenaires parce qu'il incarnait la figure du père idéal. En Italie fasciste, en 1938, il a défendu ses coéquipiers Raoul Diagne et Larbi Benbarek hués par les racistes. À la fin du banquet, Étienne Mattler est monté sur la table de la trattoria pour chanter *La Marseillaise* en réponse à la fédération italienne imbibée de mussoliniens. Engagé dans la Résistance, Étienne Mattler fut arrêté mais il s'évada du camp de prisonniers en Allemagne pour participer à la libération de Belfort. La paix revenu, il ne rappelait jamais son passé à personne. À part sa famille, nul ne savait qu'il avait devant lui un héros.

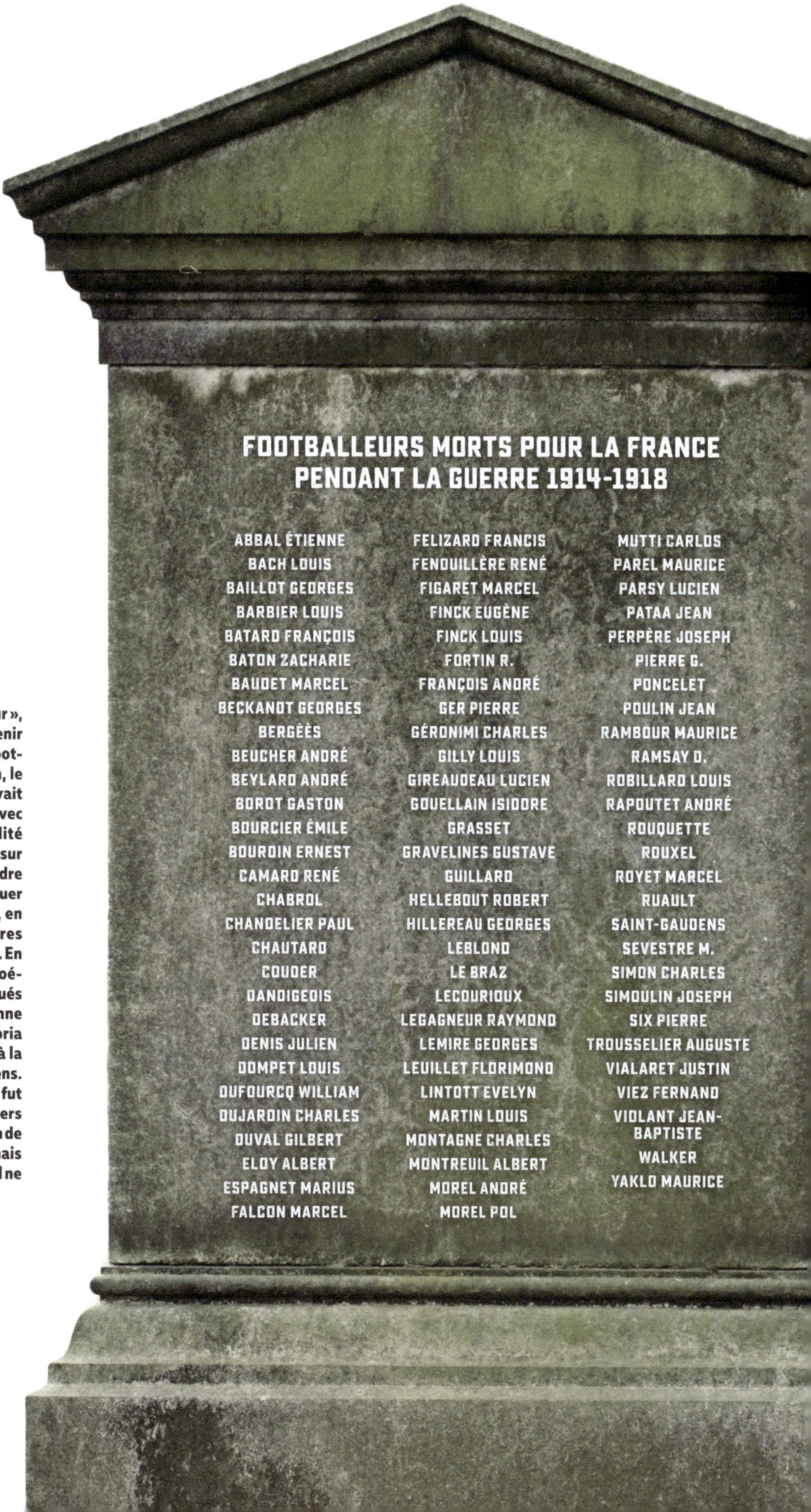

MATTHIAS SINDELAR

Le Mozart du football autrichien

★

Matthias Sindelar (1903-1939) reste le plus grand footballeur autrichien, leader technique de la génération historique d'avant-guerre baptisée Wunderteam. L'annexion de son pays par Hitler le plongea dans un profond désespoir jusqu'à sa mort jamais élucidée exactement.

Stratège, passeur et buteur, l'attaquant jouait avec un bandage au genou droit, suite à l'opération du ménisque, très risquée en 1924. Il n'avait pas besoin de cette distinction pour être reconnu tant son frêle physique était reconnaissable, sans parler de son talent qui sautait aux yeux en raison d'une couverture de balle lui permettant de briser les lignes adverses. On le surnomma « l'homme de papier » pour expliquer sa façon de se mouvoir dans des espaces où il n'y avait la place que pour une feuille de tabac. Né dans une famille d'ouvriers de l'empire austro-hongrois, il passe son enfance à jouer dans la rue avec des sphères en chiffon ce qui augmenta sa précision technique. Débutant au Herta Vienne, il signe à l'Austria Vienne où il fera toute sa carrière au cours de laquelle il remporte six Coupes et deux championnats. Au niveau international, il était l'architecte de la « merveilleuse équipe » d'Autriche qu'il conduisit jusqu'en demi-finale de la Coupe du monde 1934, battu 1-0 par l'Italie, pays organisateur qui devait absolument vaincre pour accentuer l'emprise fasciste. Tous les moyens furent bons, y compris celui de blesser le joyau Sindelar matraqué par la défense transalpine.

En 1933 et 1936, il remporte avec l'Austria, la Coupe Mitropa, soit la Champions League avant l'heure. À la mi-mars 1938, l'Allemagne annexe l'Autriche sans que le reste de l'Europe ne lève le petit doigt pour s'opposer à cette captation. Beaucoup de ses partenaires s'enfuient sous d'autres cieux tandis que Sindelar, lui, reste attaché à sa terre. La propagande nazie décida d'organiser un match entre l'Allemagne du IIIe Reich et l'Autriche rebaptisée Ostmark, le 3 avril 1938. Pour suivre ce sommet entre la Mannschaft et la Wunderteam, 60 000 personnes s'entassent dans le stade viennois, en présence d'Hitler qui voit les Autrichiens gagner 2-0 avec un récital de Sindelar, auteur d'un but. Au terme de la partie, il célèbre la victoire devant les officiels médusés par l'aplomb du vainqueur. Suite à l'Anschluss, les agresseurs demandent à Sindelar de défendre les couleurs du nouveau régime avec le maillot frappé de la croix gammée. Il refuse, au nom de la retraite sportive. Pas question de faire le signe hitlérien à Colombes lors de la Coupe de monde 1938. Champion sur le terrain, Sindelar l'est aussi dans la vie. Il était si courageux et solidaire qu'il ne démentait pas quand la *vox populi*, amadouée par les occupants, colportait qu'il était juif. Le 23 janvier 1939, lui et sa compagne juive furent découverts morts à son domicile. Le rapport de la Gestapo précise une intoxication au monoxyde de carbone due à la mauvaise évacuation du gaz. Double hypothèse : suicide comme l'écrivain Stefan Zweig écœuré par la Seconde Guerre mondiale, ou assassinat politique d'un rebelle proche de tous les opprimés ? Les funérailles du héros furent suivies par 20 000 admirateurs, voire plus. La tombe de l'élégant dribbleur aux gestes de danseur est toujours fleurie. On disait du meneur de jeu qu'il pensait avec ses jambes.

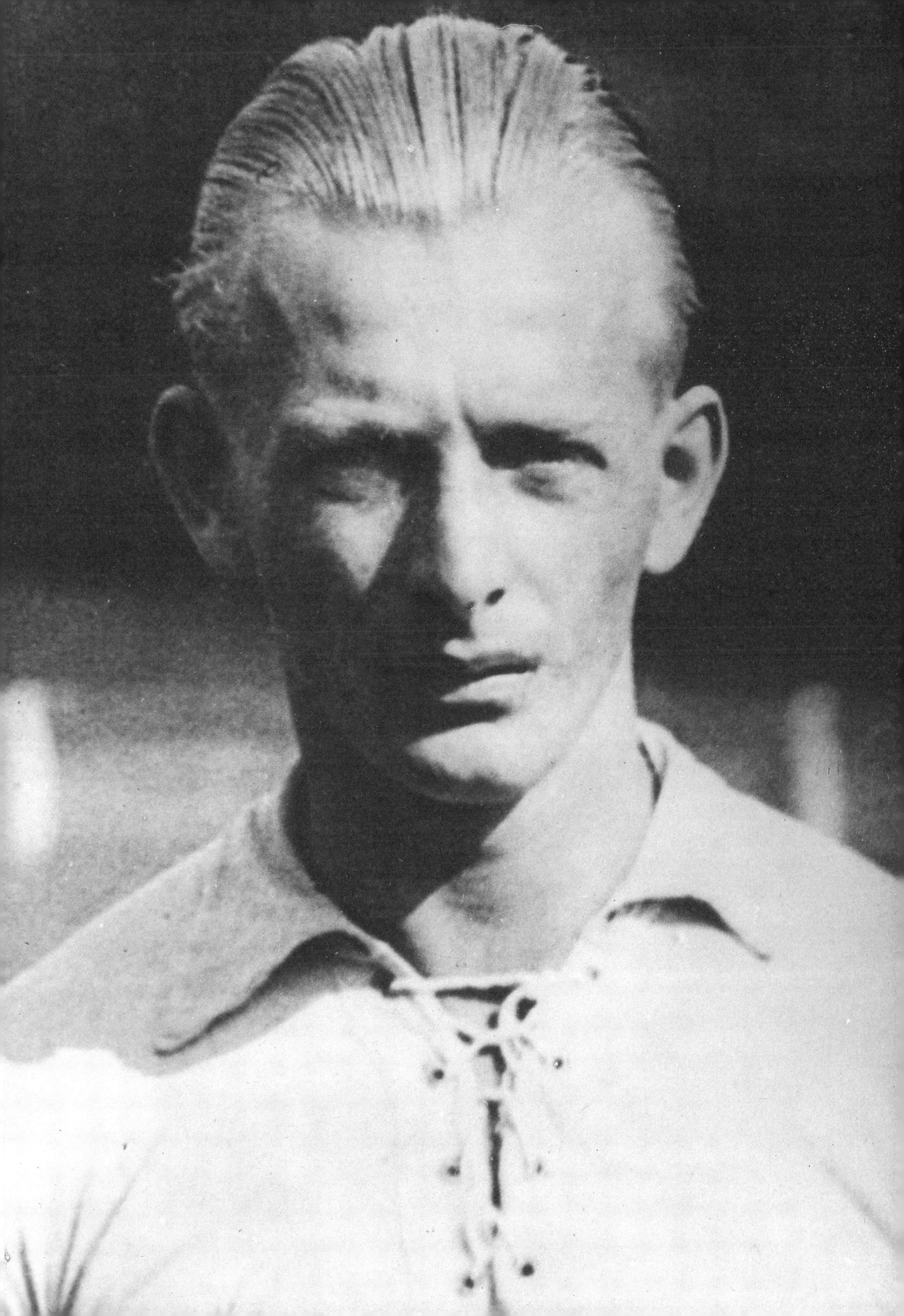

Les coiffures QUI DÉCOIFFENT

Ils sont immédiatement détectables. On les reconnaît de loin. Comme les footballeurs n'ont rien d'autre pour se faire remarquer que leur talent, certains se rajoutent un petit plus qui est souvent une coiffure plus ou moins affriolante. Cela va du catogan aux mèches peroxydés jusqu'aux grosses touffes.

ANTOINE GRIEZMANN
FRANCE

BACARY SAGNA
FRANCE

CARLOS VALDERRAMA
COLOMBIE

DANIJEL LJUBOJA
SERBIE

DAVID BECKHAM
ANGLETERRE

D'AUTRES CHEVEUX QUI EN ONT VU DE TOUTES LES COULEURS

Fredrik Ljunberg, Jérémy Ménez, José Manuel Pinto, Vágner Love, Gervinho, Raul Meireles, Pierre-Emerick Aubameyang, Keisuke Honda, Marek Hamšik, Marcelo Vieira...

EDGAR DAVIDS
PAYS-BAS

DJIBRIL CISSÉ
FRANCE

NEYMAR
BRÉSIL

RENÉ HIGUITA
COLOMBIE

MARIO BALOTELLI
ITALIE

ROBERTO BAGGIO
ITALIE

PAUL POGBA
FRANCE

RONALDO
BRÉSIL

RUUD GULLIT
PAYS-BAS

STEPHAN EL SHAARAWY
ITALIE

IBRA, CISO, PAGA... *et les autres !*

**À part eux, personne ne l'a fait.
Le football est fait de mille petites histoires qui font son sel mais qu'on oublie vite alors qu'elles en disent long sur ce sport qui est devenu le sujet de conversations numéro 1.
Qui fut accusé d'un vol de bijoux ?
Qui n'a joué que 5 secondes avec les Bleus ?
Qui ne venait jamais aux entraînements ?**

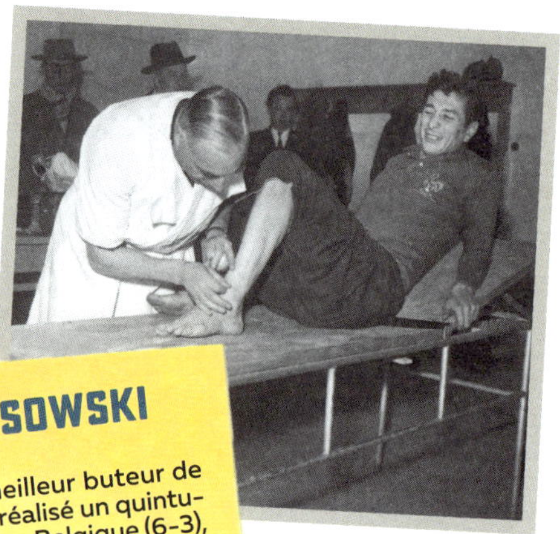

THADÉE CISOWSKI
France

Le cinquième meilleur buteur de D1 (206 buts) a réalisé un quintuplé lors de France-Belgique (6-3), le 11 novembre 1956, pour la qualification à la Coupe du monde 1958. Seul avant lui, mais en amical, Eugène Maes avait marqué 5 buts dans un match avec l'équipe de France, le 20 avril 1913, au cours de France-Luxembourg (8-0). La carrière de l'artilleur « Ciso » fut abrégée pour cause de blessures.

ROGER MARCHE
Sedan

Longtemps recordman des sélections en équipe de France (63), le rugueux défenseur continua d'habiter dans les Ardennes quand il jouait au Racing Club de Paris (1954-1962). Le bel athlète s'entraînait tout seul dans la forêt et rejoignait ses coéquipiers avant le week-end, à Colombes.

SERGE CHIESA
Lyon

Alors qu'il est considéré comme le meilleur meneur de jeu de l'Hexagone, le jeune international aux 12 sélections (3 buts) renonce à l'équipe de France, en 1974, parce qu'il préfère rester en famille plutôt que de s'ennuyer à plusieurs. Joueur de club à la conscience professionnelle aiguisée, il détient le record de matchs joués à Lyon : 541, entre 1969 et 1983 (134 buts).

DANIEL HORLAVILLE
Quevilly

Le milieu de terrain, remarqué lorsqu'il atteint les demi-finales de la Coupe de France 1968, refuse de passer professionnel car le soudeur de métier ne veut pas quitter ses amis du monde amateur. Le fait d'être sélectionné pour France A-Roumanie (1-0), le 30 avril 1969, ne le fit pas changer d'avis.

BOBBY MOORE
Angleterre

En 1966, avant la Coupe du monde en Amérique du Sud, le défenseur central (libéro), accusé à tort d'avoir volé un bracelet, fut emprisonné en Colombie. Il a fallu que le gouvernement anglais intervienne pour faire libérer le capitaine de l'équipe d'Angleterre. Mort à 51 ans, le champion du monde 1966 a sa statue devant le nouveau stade de Wembley.

LAURENT PAGANELLI
Saint-Étienne

L'espoir méridional des Verts fait sa première apparition en D1, le 25 août 1978, au Parc des Princes, quand il entre en seconde mi-temps lors de PSG-Saint-Étienne (1-1). Le jeune attaquant avait 15 ans, 10 mois et 5 jours. Niveau précocité, personne n'a fait mieux. De bonne humeur contagieuse, il s'est reconverti « journaliste de terrain » au bord de la touche. Pas étonnant, « Paga » est toujours resté un espoir en herbe.

PATRICK BATTISTON
France

Lors de finale de l'Euro 1984, France-Espagne (2-0), le défenseur des Bleus a simulé une blessure pour être remplacé par Manuel Amoros afin que son coéquipier participe au match. À la 73e minute, la France n'avait pourtant qu'un but d'avance. Mis au courant, le sélectionneur Michel Hidalgo condamna l'initiative de Battiston qui prit le risque de déstabiliser la défense tricolore et en même temps il salua le grand sens de l'amitié du défenseur.

MICHEL PLATINI
France

Le capitaine emblématique de l'équipe de France des années 1980 a disputé son dernier match avec les Bleus, France-Islande (2-0), sans officiellement annoncer sa retraite internationale. Le 29 avril 1987, il n'y avait que 27 732 spectateurs au Parc des Princes, à moitié plein. En Italie, le 17 mai 1987, tout le monde savait qu'il disait adieu au Calcio à la fin de Juventus de Turin-Brescia 3-2. Il pleuvait. On ne distinguait plus les larmes de la pluie.

FRANCK JURIETTI
Bordeaux

Le 12 octobre 2005, le défenseur est appelé par le sélectionneur Raymond Domenech pour participer à France-Chypre (4-0). À peine est-il entré sur la pelouse comme remplaçant que l'arbitre siffle la fin du match. Durée de l'unique sélection : 5 secondes.

DOMINIQUE BARATELLI
Nice

En 1996-1997, l'OGC Nice commence si mal la saison que la direction veut remplacer Albert Emon par Baratelli. L'ancien gardien international accepte puis se récuse, moins de 24 heures après sa nomination. Daniel Sanchez est ensuite nommé entraîneur mais il sera remplacé par Sylvester Takač en décembre 1996. Résultat final : Nice, 20e, descend en D2. Une punition jusqu'en 2002.

DENNIS BERGKAMP
Arsenal

L'international (79 sélections, 37 buts), surnommé le « Hollandais non volant », ne prenait pas l'avion. Sa phobie l'empêchait de jouer des matchs importants. Pour l'essentiel, joueur à domicile, il dépassait rarement les 30 matchs de championnat par saison. Le buteur a néanmoins tellement marqué son temps à Arsenal qu'il a sa statue devant l'Emirates Stadium, à Londres.

CARLO ANCELOTTI
Italie

L'entraîneur a gagné quatre championnats différents : Serie A : Milan AC, 2004 ; Premier League : Chelsea, 2010 ; Ligue 1 : PSG, 2013 ; Bundesliga : Bayern Munich, 2017. En Espagne, lot de consolation, il remporte avec le Real Madrid la 10e C1 du club, en 2014. Parmi ses autres trophées, l'Italien compte quatre autres C1 remportées avec le Milan AC : joueur (1989, 1990) et entraîneur (2003, 2007).

RUI PATRICIO
Portugal

Le gardien du Portugal a inauguré une statue, l'immortalisant dans une sortie aérienne, à Leiria, pour honorer son beau parcours dans la conquête de l'Euro 2016 à Saint-Denis. Ce geste est celui que le goal réalisa pour détourner de la main une tentative de la tête d'Antoine Griezmann, à la 10e minute de la finale Portugal-France (1-0, après prolongation). Moins d'un an après son titre majeur, Rui Patricio a eu droit à sa statue. Du jamais vu pour un gardien en activité.

ZLATAN IBRAHIMOVIC
PSG

Pendant PSG-Nantes (4-0), le 14 mai 2017, le joueur du PSG, auteur d'un doublé, fit arrêter le match officiel de L1 pour faire entrer ses deux enfants sur la pelouse et saluer la foule. Jamais aucun joueur professionnel n'avait pris cette liberté sans avoir averti auparavant l'arbitre du match. « Ibra » a remporté quatre L1 en autant de saisons au PSG où il régnait en maître.

LES NETTOYEURS de toile d'araignée

Les coups francs sont souvent déterminants dans des matchs trop défensifs. En général, ils sont tirés par les joueurs les plus techniques, ce qui permet de limiter au maximum les tentatives pour rien. Un coup de pied arrêté peut donner la victoire sur une seule occasion. Les meilleurs joueurs osent faire ce que les plus obscurs ont peur de tenter.

MICHEL PLATINI

FRANCE

Son père, Aldo Platini, lui avait dit : « Le football, c'est voir avant les autres ». Le fils n'oublia pas cet aphorisme qui dit mieux qu'une thèse de 500 pages. Aux entraînements, le jeune joueur passe des heures à tirer des coups francs devant des mannequins en mousse pour travailler ses frappes, douces ou fortes. Le don plus le travail cela fait gagner du temps. Le tireur est si intelligent et adroit qu'il devine toujours là où il faut déposer le ballon. À force de travail, il sait comment il faut choisir l'angle du tir. Il lui arrive d'embrasser la sphère, éternelle compagne. En équipe de France, lors de sa première sélection, le samedi 27 mars 1976, il dit à son aîné Henri Michel : « Passe-moi la balle, je la mets au fond ! » Aussitôt dit, aussitôt fait : le tir brossé loba le mur. La France menait alors 2-0 contre la Tchécoslovaquie en amical. Le match se termina par un 2-2 sans importance. Et c'est ainsi que Michel Platini devint le plus grand tireur de coup franc du monde.

RONALDINHO

BRÉSIL

Fantasque, ludique, osant tout parfois rien que pour la beauté du spectacle. Le Brésilien, poète du football, tentait des gestes jamais vus pour voir si ça marchait. Il jouait du free-football. Son passage sur le terrain le temps de son règne a rafraichi le football qu'il pratiquait au feeling. Seuls les mauvais élèves font avancer leur pratique car ils ne copient personne. Pour Ronaldinho, un mur de défenseurs au moment d'un coup franc était un mur de Berlin à détruire. Comme c'était impossible, il tirait au-dessus un ballon qui redescendait sur sa cible. Chaque tir plein d'insolence s'avérait sur le moment la seule ligne possible pour atteindre l'objectif visé. Il tirait de manière relâchée souvent dans le petit filet du premier poteau.

ALESSANDRO DEL PIERO

JUVENTUS DE TURIN

Le hasard n'existe pas. Quand il était enfant, Alessandro Del Piero se prenait pour Michel Platini lorsqu'il jouait avec ses amis. Pour faire plaisir à son fils, Gino Del Piero, son père électricien, installa un éclairage avec les phares de sa voiture. Avec ses amis, Alessandro était au paradis sur terre : « On avait l'impression de jouer la Ligue des champions, avec des matches en nocturne. » Enfant, il se prenait pour la star de la Juventus de Turin, et adulte il fut recruté par la Juve. La boucle était bouclée. De 1993 à 2012, il y joua 705 matchs au cours desquels il marqua 290 buts. Del Piero est le troisième meilleur buteur italien de tous les temps, derrière Silvio Piola (364 buts), Giuseppe Meazza (338 buts). Le total de ses buts lors de toute sa carrière atteint 321 (club, Nazionale, et Nazionale U21). Del Piero est le joueur italien qui a marqué le plus de buts sur coup franc : 48 en tout, 42 avec la Juventus et 6 avec la Nazionale.

JUNINHO PERNAMBUCANO

LYON

Entre 2001 et 2009, le Brésilien aligne sept championnats de France consécutifs : 2002, 2003, 2004, 2005, 2006, 2007 et 2008. Avant l'arrivée de Juninho, Lyon n'avait pas gagné un seul titre de L1 depuis sa création en 1950. Mal remis du départ de son joueur porte-bonheur, en 2009, l'OL est rentré dans le rang et n'est plus parvenu à redevenir le premier club de France, au niveau du championnat. Sur les 100 buts en 344 matchs à Lyon, Juninho en a beaucoup marqué sur coup franc. Quand des matchs étaient totalement bloqués, Juninho, d'un coup de patte magique, faisait basculer Lyon dans la victoire. Il avait un cerveau dans chaque chaussure. Il suffit d'entendre parler Juninho pour avoir un aperçu de son Q.I. Qui dit Lyon dit Juninho, et inversement.

ANDREA PIRLO

MILAN AC

Véritable caresseur de cuir, l'Italien aux 116 sélections (13 buts) avec la Nazionale s'est distingué dans les tirs de coup franc dans tous les clubs où il joua, notamment au Milan AC. L'architecte tirait avec une parfaite coordination de gestes, le pied d'appel parallèle au ballon, lors de la frappe. Alors qu'il avait remis le Milan AC dans la spirale de la victoire avec deux C1 (2003 et 2007), plus deux championnats (2004 et 2011), le club de Silvio Berlusconi cède son meneur de jeu à la Juventus de Turin, en 2011, après dix ans bien remplis. Fatale erreur ! En quatre saisons à la Juve, Pirlo rafle quatre championnats de suite, entre 2012 et 2015. Rideau ! Ensuite, il est parti à New York City. Le repos du pacifiste. Bien mérité.

CRISTIANO RONALDO

REAL MADRID

À Manchester United, il marquait déjà sur coup franc, lui, le jeune homme de 18 ans. Ceux qui tirent les coups de pied arrêté sont toujours les plus intelligents. Il s'agit souvent des milieux offensifs et d'une manière générale d'attaquants. L'avenir appartient à ceux qui osent. Avec le temps, CR7 est devenu un as du genre. Il pratique toujours de la même façon. Il compte ses pas quand il recule pour prendre l'élan, puis il écarte les jambes à la manière d'un cow-boy de western spaghetti. Il réfléchit quelques instants et s'élance à fond pour frapper souvent en force. Ses tentatives au Real Madrid sont très fructueuses et elles permettent d'engranger des points. CR7 est une fourmi qui fait croire qu'il est une cigale. Ronaldo parfois fait semblant de tirer en puissance alors qu'il se contente de faire passer le ballon calmement sous les crampons des joueurs adverses qui ont tous sauté en l'air. Une astuce de plus dans le carquois du Red Devil en service commandé à la Maison Blanche.

MICHEL PLATINI

CRISTIANO RONALDO

RONALDINHO

ALESSANDRO DEL PIERO

JUNINHO PERNAMBUCANO

ANDREA PIRLO

ZINEDINE ZIDANE

L'équilibriste céleste

★

Champion du Monde et d'Europe avec l'équipe de France, l'ancien aiguilleur des Bleus est devenu champion d'Europe avec le Real Madrid, comme joueur puis comme entraîneur. Sa vision du jeu est basée sur l'offensive avec des consignes défensives. Sans récupérateur pas de créateur. Zidane ne met jamais le toit avant les fondations.

Respect et équilibre, les deux maîtres mots de la méthode Zidane. Quand il était enfant son père lui a dit : « Si tu veux qu'on te respecte, tu dois respecter les autres. » Cette philosophie de vie, le fils l'applique encore et toujours. Et même quand il a donné un coup de tête à Marco Materazzi en finale de la Coupe du monde 2006 perdue, c'est parce que l'Italien lui a précisément manqué de respect. Quant à l'équilibre, il se constate dans trois domaines : sur le terrain où Zidane semble courir sur un fil tant il se rétablit après de multiples feintes de corps ; dans sa gestion de carrière professionnelle, peu de clubs (Cannes, Bordeaux, Juventus de Turin et Real Madrid) qui sont autant de marches à gravir sans précipitation ; et enfin au sein de sa vie où avec sa femme, ils font œuvre de transmission. « Tout s'obtient par le travail » lui a dit son père, monsieur Smaïl Zidane. Quand il est arrivé à la Juventus de Turin son palmarès restait à faire et les deux défaites successives en finale de C1 1997 et 1998 ont fait dire aux mauvaises langues qu'il était un chat noir. La chance changea de côté lors de la Coupe du monde 1998 remportée par l'équipe de France grâce notamment à ses deux buts de la tête en finale au stade de France contre le Brésil (3-0). Ce match le propulse héros de manière planétaire. Zidane a réussi ce que Kopa et Platini n'ont pas su faire. Tout n'était pas gagné d'avance car il reçut un carton rouge très tôt dans le tournoi synonyme de suspension. Son retour, ce fut quitte ou double ! À partir de là, la notoriété de Zidane devient stratosphérique et ne fléchira plus jamais. Vite acclimaté au Real Madrid, il offre à la Maison Blanche la C1 2002 suite à sa fracassante reprise de volée décisive contre le Bayer Leverkusen (2-1). Après la contrariante parenthèse du Mondial 2006, personne ne lui en veut car sans son retour chez les Bleus, l'équipe de France n'aurait pas atteint de nouveau la finale.
Coqueluche des médias et des sponsors, Zidane prend une retraite bien méritée avant d'intégrer le staff du Real Madrid par la petite porte, selon sa méthode expérimentée. Studieux, Zidane passe tous les diplômes nécessaires pour devenir entraîneur. Un temps adjoint de Carlo Ancelotti sur le banc madrilène, il choisit de prendre en charge l'équipe réserve de D3. Petit à petit, l'oiseau fait son nid et début 2016, Zidane est nommé officiellement entraîneur de l'équipe fanion. En moins de deux saisons, il gagne le championnat espagnol et les C1 2016 et 2017 ! « Zidane, comme Mozart, est un créateur et chaque création est une déchirure, il faut s'arracher les organes à l'intérieur » dit Jean-Claude Killy – triple médaille d'or aux J.O. d'hiver 1968 – qui s'y connaît au niveau exploits à répétitions. Admiratif, Ancelotti a déclaré : « Zidane m'a appris qu'il fallait faire passer les hommes avant le schéma tactique. » Si l'élève est devenu un maître, il reste assidu à l'humilité, l'école de toutes les perfections. Le dernier grand défi de Zidane sera de remporter la Coupe du monde dans la peau du sélectionneur de l'équipe de France. Il en est capable. Zidane est le seul entraîneur qui embrasse ses joueurs, comme un père.

La chanson de geste des STYLISTES

Quand de grands joueurs prennent leur retraite, il y a des figures de style qu'on ne revoit plus. Il s'agit toujours de créateurs, les porteurs du numéro 10, une espèce en voie de disparition. Ils sont les architectes du football. Sans eux pas de construction.

ALFREDO DI STEFANO

Il était au four et au moulin, donnant des consignes dans sa surface de réparation avant d'organiser le jeu à l'avant-scène de l'équipe. Il occupait le poste d'intérieur. Impeccable désignation pour un homme d'intérieur qui prenait soin de la Maison Blanche. Il se fondait dans le collectif, rayonnant sur tous les matchs, 365 jours par an.

FERENC PUSKÁS

Di Stefano jouait juste en-dessous de Puskás auquel il avait offert le rôle de fer de lance de l'attaque du Real. Ouvert à toutes les discussions, Puskás qui venait de Hongrie, pays plein de privation, accepta de surveiller sa nourriture et de boire moins de bière pour perdre du poids, à l'invitation de Di Stefano. Les mauvaises langues traitaient de bedonnant un joueur qui marquait but sur but avec une vitesse de lecture du jeu hallucinante.

PELÉ

Joueur complet. Excellent dans n'importe quelle position sur le terrain, il avait un dribble court qui effaçait les adversaires comme on donne un coup de gomme. Toujours positif, il pouvait marquer n'importe quand de n'importe où. Le centre de gravité très bas, Pelé avait une assise très difficile à malmener. Il fallait faire faute pour l'arrêter. Intelligent, volontaire, collectif, correct, buteur, le joueur parfait.

GARRINCHA

Le dribbleur né. Toujours attiré par le but, il réclamait sans cesse le ballon pour accélérer le jeu, dynamitant la défense aux abois dès qu'il était dans les parages. Il jouait tout le temps avec un plaisir énorme perçu par le public qui l'adorait.

JOHAN CRUYFF

Maître cerveau sur son homme perché. Ses accélérations, même en bout de course, étaient l'une des spécialités du footballeur hyper doué qui en avait tellement. Longiligne et hyper puissant, rien ne lui faisait peur. Il décidait d'y aller et il y allait. L'image de la jeunesse triomphante.

SÓCRATES

Il dégageait l'aura d'un philosophe antique. Image décuplée par son nom. Avec ses immenses jambes, il organisait le milieu de terrain avec beaucoup de tranquillité. C'était un musicien de chambre égaré à Woodstock.

MICHEL PLATINI

Depuis Kopa et Piantoni, la France n'avait plus eu un milieu de terrain de cette trempe. Platini avait le troisième œil et il a guidé à sa suite tout le football français puisqu'il était le seul à jouer dans un grand club étranger (Juventus de Turin).

DIEGO MARADONA

Totalement imprévisible, il pouvait faire un coup du foulard en stoppant sa course au poteau de corner. Il jouait un football instinctif. Il n'y a d'ailleurs pas d'autre football. Il était seul contre tous car ses partenaires ne parvenaient pas à son niveau.

ROBERTO BAGGIO

Sa signature c'était de prendre le ballon, d'entrer dans la surface pour transformer ses adversaires en plots de chantier. Ses dribbles courts lui permettaient de perforer cruellement les défenses. Il appartient aux footballeurs possédant un grand toucher de balle.

RONALDINHO

Homme de cavalcades, de chevauchées sur les ailes du terrain, cheveux au vent. Héritier de Garrincha, il fut l'un des plus créatif Brésilien de son temps. Pouvait dribbler sur un petit périmètre et jaillir encore plus explosif en fin d'action qu'au début.

Di Stefano

Puskás

Pelé

Garrincha

10

Cruyff

Sócrates

Platini

Maradona

Baggio

Ronaldinho

LES AILIERS

ces « enfants perdus »

Henry de Montherlant disait que les ailiers étaient des « enfants perdus » parce qu'ils se tenaient excentrés près des lignes de touches, esseulés comme les gardiens de but. Quand ils déboulent sur l'aile, leurs derniers représentants ont l'insolence des enfants, un peu comme sur son vélo un gamin dit : « Maman, regarde sans les mains ! » Loin d'être des égoïstes, les ailiers cherchent la bonne inspiration pour déstabiliser les défenses adverses. Ils sont en voie de disparition, suppléés par les défenseurs latéraux, intermittents de la fonction de débordement.

FRANCISCO GENTO

GARRINCHA, BOTAFOGO

L'ailier droit Manoel Francisco dos Santos fut appelé « Garrincha » parce qu'il était épris de liberté tel ce « petit oiseau » qui meurt dès qu'on le met en cage. Ses jambes tordues par la maladie contribuèrent à forger sa légende. Il dribblait son vis-à-vis avec toujours la même feinte à gauche avant de filer côté droit. Il faisait rire le Maracaña, plein à ras bord, pour voir le dribbleur à l'œuvre. Le jour de sa mort, sa dépouille fut déposée sur un camion de pompiers pour traverser tout Rio de Janeiro. La ville s'arrêta de vivre pendant toute la cérémonie mortuaire. Les endeuillés par grappes humaines agglutinés dans la rue et sur les ponts regardèrent passer le champion. Leur ami.

FRANCISCO GENTO, REAL MADRID

L'ailier gauche avait un pied droit qui ne lui servait que pour monter dans l'autobus. Un pied gauche quand on s'appelle Gento, c'est une catapulte infaillible. Ses centres semblaient avoir été calculés sur du papier millimétré qui permettait au ballon d'arriver à la bonne destination. Après les disparitions successives de Puskás, Di Stefano et Kopa, l'ailier Gento reste le dernier des Mohicans. Un homme qui a remporté six Coupes d'Europe de clubs champions a le statut de Dieu vivant. Ailleurs, on sourit. Pas en Espagne.

ZOLTÁN CZIBOR, HONGRIE

Double champion d'Espagne avec Barcelone (1959-1960), le finaliste de la Coupe du monde 1954 est un cacique du Onze d'or avec 43 sélections et 31 buts, entre 1949 et 1956. Il a été de tous les matchs à marquer d'une pierre blanche. À l'aile gauche de l'armada magyar, le fils de chauffeur de locomotive courrait si vite que personne ne pouvait lui filer le train. En 1956, le soldat au grade de capitaine a fui le communisme pour se réaliser pleinement en Espagne, celle de Franco, peu recommandable mais très anticommuniste.

GARRINCHA

ZOLTÁN CZIBOR

ROGER MAGNUSSON

ROGER MAGNUSSON, MARSEILLE

Sa grande taille n'empêchait pas le Suédois de jouer ailier droit avec une mobilité constante, rarement prise en défaut. Après des passages dans quelques clubs dont Cologne et la Juventus de Turin, il trouva son nirvana au Vélodrome de Marseille dont il devient la coqueluche avec l'avant-centre Josip Skoblar pour former un duo historique qui régna sur le football français : deux championnats (1971 et 1972) et deux Coupes de France (1969 et 1972). Un as du dribble.

JAIRZINHO, BRÉSIL

Héritier de Garrincha à Botafogo, le puissant ailier droit est inscrit en lettres d'or dans l'histoire du football, en raison de sa présence dans la plus belle équipe de tous les temps : le Brésil 1970. L'athlète trouva une place de titulaire dans une équipe qui comprenait les joyaux Tostão, Pelé, Rivelino, Gerson. Lors de la finale de la Coupe du monde 1970 contre l'Italie (4-1), Jairzinho donne une passe décisive à Gerson, pour le deuxième but, puis marque le troisième sur une offrande de la tête de Pelé à la 71e minute. Pendant le tournoi au Mexique, l'ailier droit marqua plusieurs buts importants. En 1974-1975, il joua une saison à Marseille avec son compatriote Paulo César. Le carioca Jairzinho, 81 sélections et 33 buts avec le maillot auriverde, est l'un des plus grands ailiers du Brésil.

JAIRZINHO

ARJEN ROBBEN, BAYERN MUNICH

Si le Bayern Munich a remporté la Champions League 2013 contre le Borusssia Dortmund, le club bavarois le doit à Arjen Robben auteur d'un but lors de la finale (2-1). Un but déterminant, marqué à la 89e minute, juste avant le tunnel des prolongations. On sait comment on s'y engage mais pas comment on en ressort. Mieux vaut les éviter. Merci Robben ! Malgré cet exploit, le Néerlandais est classé huitième du Ballon d'or 2013 quand Franck Ribéry est sur le podium derrière C. Ronaldo et Messi. En lot de consolation, Robben est au quatrième rang, lors du Ballon d'or 2014. Le finaliste de la Coupe du monde 2010, souvent blessé, parvient toujours à redevenir performant. Il adore faire une série de dribbles à l'orée de la surface de réparation adverse pour se mettre en position de frapper au but. Des tirs tendus souvent imparables.

CRISTIANO RONALDO

ARJEN ROBBEN

CRISTIANO RONALDO, REAL MADRID

Le Portugais, avant même la fin de sa carrière, a réussi à se hisser dans le clan très fermé des dix meilleurs joueurs de l'histoire à force d'un travail acharné récompensé par des titres à la pelle, aussi bien en championnats qu'en Champions League, à Manchester United comme au Real Madrid, plus l'Euro 2016. Doté d'une très bonne technique et d'une condition physique optimale entretenue de façon draconienne, le champion a un mental qui ne craint rien ni personne. Toujours présent lors des matchs qui rajoutent des lignes au palmarès, le Portugais est la cible de toutes les critiques comme tous ceux qui dominent leur sport. Le coup de rein en fin d'action, après une course de 80 mètres, seul CR7 peut le donner.

LES BUTEURS *qui ont marqué leur temps*

Chaque joueur touche le ballon pendant très peu de temps au cours d'un match. Un attaquant encore moins. Il lui suffit souvent d'une seconde pour tendre la jambe et marquer, d'où l'extrême difficulté du poste.

GERD MÜLLER

Le « Bombardier » a marqué 723 buts en 771 matchs. Il pouvait marquer même à terre. Il tendait la jambe dans un ultime coup de rein. Il pouvait marquer rien qu'en pivotant, sans aucun élan. Un taiseux ultra-compétiteur.

SILVIO PIOLA

L'attaquant de la Lazio a remporté la Coupe du monde 1938 avec Giuseppe Meazza qui avait déjà gagné celle de 1934. Pionnier des buteurs de haut parage, l'Italien a marqué 274 buts en 537 matchs de Serie A. Personne n'a fait mieux depuis 1954.

PELÉ

Le joueur parfait. Avant lui, on n'avait jamais vu footballeur rayonner dans tous les secteurs avec tant de grâce. Il est né en même temps que l'arrivée des télés dans les domiciles privées. Pelé nous a fait quitter la préhistoire. Et en plus, avec le sourire.

DELIO ONNIS

299 buts en 449 matchs de D1. Record en France. Bas baissé, dos au but, il se retournait et fonçait vers la cage avec détermination. Parfois, il semblait absent d'un match, puis oublié par les défenseurs, il redoublait de force pour faire la décision.

BERNARD LACOMBE

Avec 255 buts en 497 matchs de Première division, le plus Lyonnais des Lyonnais est le meilleur buteur français de l'histoire. L'autre c'est Hervé Revelli (216 buts).

ROMARIO

Dans son orgueilleux combat pour rejoindre le nombre de buts de Pelé, il en comptabilise plus de 1 000. Il lui arrivait de rentrer avec la balle directement dans la cage, tant sa volonté était sans limite.

PIPPO INZAGHI

Le renard des surfaces jaillissait quand on s'y attendait le moins pour marquer des buts importants. Une capacité à lire le jeu rarement vu chez un joueur en pleine course.

MARCO VAN BASTEN

Un des plus grands buteurs de l'histoire, superbe athlète trop handicapé par les blessures. Nostalgique de sa période joueur, il n'aime pas les contraintes du métier d'entraîneur qui placent la parole au centre de tout.

RONALDO

Dans le un contre un, il était imbattable. On le disait gros mais il se faufilait partout. Plusieurs fois blessé, le Phénix revenait toujours au premier plan. Comme tous les grands, il est légendaire.

JUST FONTAINE

Le record de Fontaine, 13 buts en un seule Coupe du monde (1958) semble imbattable. Il avait la science du démarrage et c'était un finisseur très rusé, bien servi par Kopa et Piantoni.

Un bouquet de belles TÊTES

Les buts de la tête sont souvent spectaculaires et il n'y a pas que des Anglais pour en marquer. Les gardiens de but n'aiment pas les têtes parce que les joueurs qui tentent crânement leur chance sont des fortes têtes qui n'ont peur de rien.

Dans la finale de la Coupe du monde 1970, il y a tout à sortir tant elle fut merveilleuse, à commencer par le premier but. À la 17e minute de Brésil-Italie (4-1), suite à une touche de Tostão, Rivelino parvient à centrer de la gauche en direction de la cage italienne. Le ballon atterrit sur la tête de Pelé qui, malgré la charge d'un défenseur, catapulte le ballon au fond des filets. Pelé s'éleva comme soulevé par un monte-charge invisible.

PELÉ, 21 JUIN 1970

Contre Blackburn, Manchester United devait gagner pour se rapprocher des visiteurs qui étaient leaders. À la 80e minute, Ryan Giggs centra et Cantona arriva en trombe pour marquer d'une tête imparable, droit devant dans la lucarne du second poteau. Un coup de bélier ! Trois jours plus tard à Crystal Palace, il régla son compte à un nazillon des tribunes qui se croyait tout permis. Les instances du football suspendirent huit mois Cantona. Ce fut punir le pompier et défendre le pyromane.

ÉRIC CANTONA, 22 JANVIER 1995

Menés 0-3, à la mi-temps de la finale de la C1 2005, Liverpool-Milan AC (3-3), les joueurs de Premier League rentrent au vestiaire complétement abattus, honteux d'avoir raté le match de l'année. De retour, sur le terrain, on craint que l'avalanche de buts soit encore plus terrible en seconde mi-temps. Regonflé à bloc, le capitaine Steven Gerrard donne le signal de la révolte anglaise avec un coup de tête rageur qui remet les Reds dans le bon sens. Ensuite, Liverpool revient à égalité et gagne le match 3 tirs au but à 2. Ce qui s'appelle revenir de loin.

STEVEN GERRARD, 25 MAI 2005

CRISTIANO RONALDO, 21 MAI 2008

La finale de la C1 2008 entre Manchester United et Chelsea n'était pas gagnée d'avance. MU voulait redevenir champion d'Europe pour faire aussi bien qu'en 1968 et 1999. En face, Chelsea désirait enfin gagner sa première C1. Cristiano Ronaldo fit pencher la balance du côté de MU, sautant plus haut que la défense londonienne y compris le gardien Petr Čech. Le Portugais semblait propulsé par un élévateur, avec l'impression de stationner dans les airs quand ses rivaux n'avaient pas ce pouvoir de lévitation. Chelsea parviendra à égaliser mais la défaite intervient aux tirs au but 6 à 5. Le tête à tête anglais tourne à l'avantage de Cristiano Ronaldo, même s'il manque son tir au but.

LIONEL MESSI, 27 MAI 2009

Lors de la finale de la C1 2009, Manchester United, champion sortant, voulait conserver son titre au détriment des Barcelonais donnés favoris. À l'image de Lionel Messi qui a battu le géant Edwin van der Sar, de la tête à la 80e minute, portant le score à 2-0, après le but de la 10e de Samuel Eto'o. Non seulement l'Argentin s'est joué du gardien des Red Devils mais en plus il parvient à sauter plus haut que le grand Rio Ferdinand, cloué sur place par tant d'audace. Messi fit d'une pierre deux coups car il loba avec sa tête et le défenseur et le gardien. De mémoire, on n'avait jamais vu quelqu'un tenter et encore moins réussir un tel but, mettant son corps en position oblique vers l'extérieur de la cage de van der Sar.

Aux portes de la finale de la Coupe du monde 2010, le combat Espagne-Allemagne (1-0) s'annonçait âpre et il le fut. La demi-finale était la revanche de la finale de l'Euro 2008 qui se termina par 1-0 pour les Espagnols. À la 72e minute, le défenseur Carles Puyol montre au gardien allemand, Manuel Neuer, que l'Espagne est plus forte. Xavi tira le corner à la hauteur de Puyol qui ne voulait pas s'embarquer dans les prolongations. Et les Allemands s'inclinèrent 0-1 comme deux ans auparavant.

CARLES PUYOL, 7 JUILLET 2010

Dans le match de poule de la Coupe du monde 2014, Pays-Bas-Espagne (5-1), les Espagnols ouvrent le score sur un penalty de Xavi Alonso accordé généreusement à la 27e minute. Loin de céder à la panique, les Néerlandais jouent crânement leur chance et égalisent dans le temps additionnel avec un but qu'on n'attendait pas : recevant dans son dos une ouverture de Daley Blind, Robin van Persie réalise un saut du scorpion pour tromper Iker Casillas d'une tête lobée très difficile à réaliser. Après ce but, les Néerlandais en ont marqué quatre autres. L'addition fut salée pour les Espagnols humiliés 1-5.

ROBIN VAN PERSIE, 13 JUIN 2014

La DREAM TEAM

Voici l'équipe de rêve que l'on ne verra jamais jouer à part dans ce livre. Le gardien ? Je n'en vois pas d'autres, à part Buffon. La ligne de défenseurs ? Un mur humain. Le milieu ? Un quartet de virtuoses. Devant ? Le nec plus ultra. Entraîneur : Éric Cantona. Plus offensif, ce n'est pas possible. Les adversaires n'auraient jamais le ballon.

FACCHETTI

BECKENBAUER

YACHINE

SANTAMARIA

CARLOS ALBERTO

PUSKÁS

DI STEFANO

EUSÉBIO

MARADONA

PELÉ

CRUYFF

REMPLAÇANTS : BUFFON, P. MALDINI, BARESI, PLATINI, ZIDANE, GENTO, GARRINCHA...
ENTRAÎNEUR : SIR ÉRIC CANTONA

DU MÊME AUTEUR

Poésies pour mes amis les enfants, 1983 et 1985. Éd. Lachenal & Ritter.
Poèmes de Philippe Soupault avec des photos de Bernard Morlino.

Essais, textes d'Emmanuel Berl, 1985. Préface de Bernard de Fallois.
Julliard. Rééd. 2007.

Un siècle de football parisien, 1986. Éd. La Manufacture.

Philippe Soupault, qui êtes-vous ? 1987. Éd. La Manufacture.

Un siècle d'olympisme, 1988 et 1992. Éd. La Manufacture.

Emmanuel Berl, les tribulations d'un pacifiste, 1990. Éd. La Manufacture.

L'Interview, les confessions du dernier géant, 1992. Éd. La Manufacture.

Portrait(s) de Philippe Soupault, 1997. Bibliothèque Nationale.

Manchester Memories, 2000. Le Castor Astral.

Louis Nucera, achevé d'imprimer, 2001. Le Castor Astral.

Berl, Morand et moi, 2002. Le Castor Astral.

Le Reste du Monde, 2003. Séguier/ Archimbaud.

Champion de sa rue, 2004. Le Castor Astral.

Envoyé spécial de personne, avec un cahier photos de B.M, 2006. Le Castor Astral.

Brèves de foot, préface d'Éric Cantona, 2006. Le Seuil.

Football Nostalgie, préface de Dominique Rocheteau, 2006. Presses
de la Cité/Hors-Collection, 2006.

Jeux Olympiques nostalgie, préface de Christine Caron, 2008. Presses
de la Cité/Hors-Collection.

Portraits légendaires du Football. Préface d'Éric Cantona, 2008. Tana éditions

Portraits mythiques du football. Préface d'Éric Cantona, 2011. Tana éditions

Éloge du dégoût, 2012. Éd. du Rocher.

Les Rebelles du football. Préface d'Éric Cantona, 2015. Tana éditions

« Parce que c'était lui... » 35 amitiés littéraires en France, 2015. Écriture.

L'Insoumise. Femmes, Familles. Les combats d'une vie.
Evelyne Sullerot-Bernard Morlino. 2017. L'Archipel.

REMERCIEMENTS

Albert Camus, Dino Buzzati, Antoine Bonifaci, Maurice Serrus, Raymond Kopa, Roger Ricort, André Amitrano, René Marsiglia, Michel Ouazine, André Dehaye, Louis Hainault (ancien soigneur), Gabriel Hanot, Jacques Thibert, Eleonora Giovio, Jean-Philippe Bouchard, Roger Driès, Kim Robin Graahede, Richard Kurt, Yanny Hureaux, Laurent Lasnes, Thibaut Leplat, Serge Laget, Jean Damien Lesay, Pierre Lherminier, Jean Eskenazi, Jean Boully, Didier Braun, Olivier Margot, Vincent Duluc, Liza Zordan, Louis Nucéra, Michel Merckel, Jean-Philippe Réthacker, Benoît Heimermann, Jacques de Ryswick, Florence et Mathias Gabin-Moncorgé, Pascal Paillardet, Jacques Ferran, Rémy Lacombe, Lino Barbosa, Johan Cruyff et bien sûr Éric Cantona.

CRÉDITS

Toutes les photographies proviennent de l'agence Presse-Sports sauf :
Getty Images : pp. 83 (Camus, Vigo, Montherlant, Gabin, Pasolini, Jackson), 107 (en bas), 119, 123 (au milieu en haut), 124 (au milieu), 125 (à droite), 143, 158 (en bas à droite) ;
Istock : illustrations des fonds, p. 13, 25, 69, 92 (vélo), 97 (briques), 131 (plots), 138 (en haut), 139 (en haut), 140 (en bas), 141 ;
DR : 76 (au milieu), 138 (à gauche), 156 (à gauche).

Création graphique et mise en page : Terre-lune
Secrétariat d'édition : Sophie Greloux